1372億円調達合意！できた

「外資マネー」獲得マニュアル

地方の赤字ベンチャー会社……
なんと1372億円！　調達リアル合意

Black Swan Guy 著

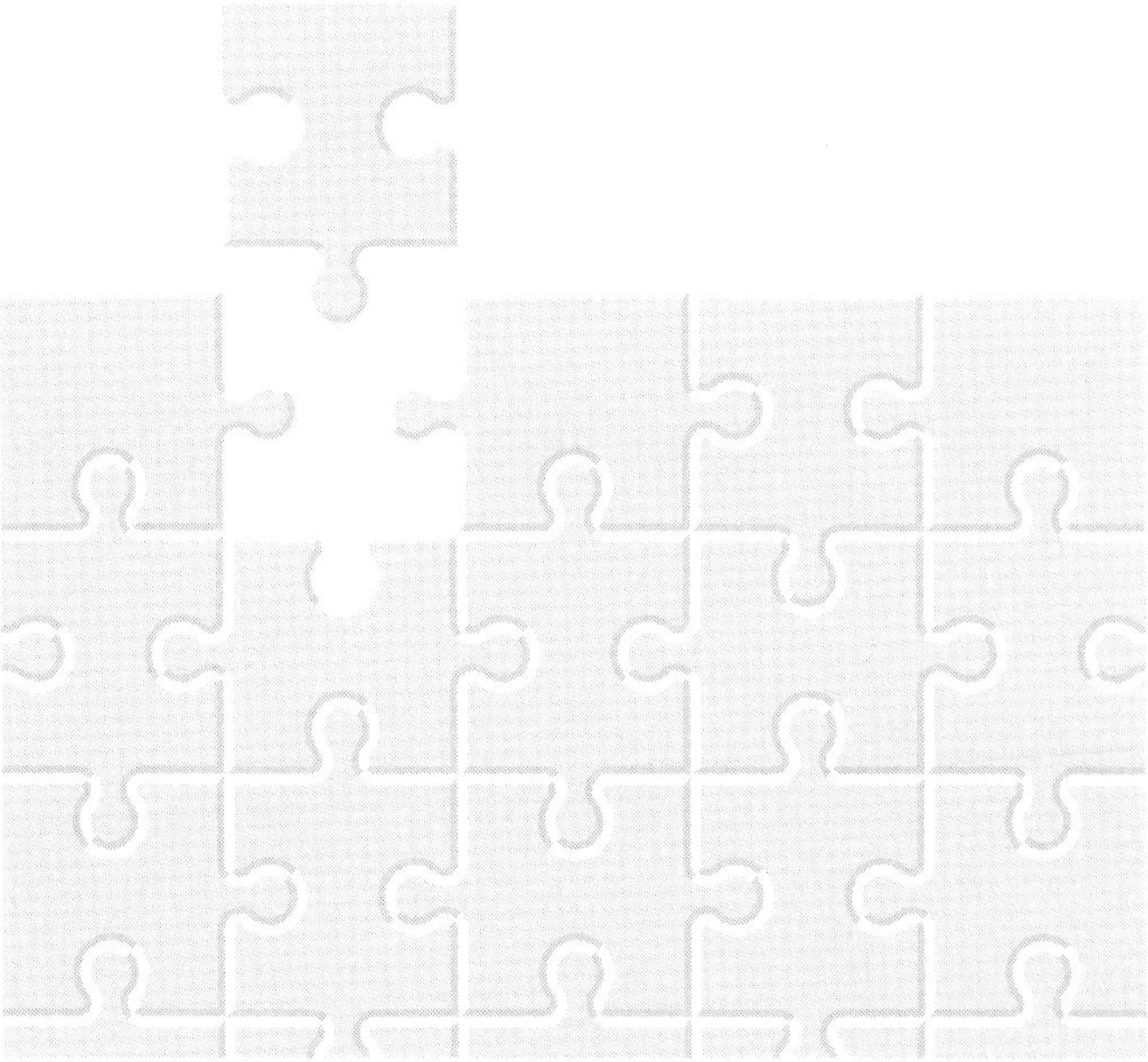

元就出版社

はじめに

香港側会長
「このたびはこのようなデューデリジェンスの機会を与えて下さりありがとうございました。御社のオンリーワン技術を目視で確認でき、来日して本当に良かったです」

※ワンポイント解説「デューデリジェンス」
香港側は投資先候補の某日本企業を訪問し、今回の最大の目的であった製造工場を視察した。投資する側は、このように投資先候補を事前に精査するのだが、このような「施設」見学や「会計資料」の確認など、一連の行為は「デューデリジェンス」または、略して「デューデリ」と呼ばれている。この発言は、そんな「デューデリ」での「施設見学」の際のコメントだ。

「結論的に申し上げますと弊社は4000万香港ドル（当時の日本円換算で約5・5億円）当初の予定通り、（御社に）投資する用意があります」

日本側社長
「えっ！こんなに早く正式オファー?!……」

（驚きと同時に明らかに安堵感も混じったような表情をしている……）

※ワンポイント解説　「正式オファー」

（私の）今までの経験では通常このような「正式オファー」（つまり投資するかどうか？の正式返答）は、デューデリ終了後、本社に戻って「書面」で伝達するのがセオリーだ。が、このように口頭で、しかもまだデューデリそのものも終了していない（当時の状況として、工場見学は終わったものの、まだ財務資料の確認等はこれからだった……）時点で、このような結論を出すことは極めて異例だったのだ。今振り返って思うと、香港側としてはどれほどこの「日本の企業の将来性」を評価していたか？の現れだったわけだ……。

香港側会長

「我々はこの技術を、アジア全域マーケットで（販売）展開することで、３年後には合弁会社の（企業）価値は２８００億円に達する。と予測しております。約束通り御社にその新規合弁会社の49％の株主になって欲しい」

私は、最初この会長がアジア全域の営業で、３年後には２８００億円の「売り上げ」にする自信がある……と、発言するものかと早合点して（売り上げ２８００億円でも充分驚愕ではあるが……）日本側にもそのように（条件反射的に）通訳しようとしてしまったのだ……が、会長のオファーの主旨は（私が通訳しようとした）そんな内容とは次元の違う（今まで聞いたこともないような）提案だったのだった……。

日本側社長

「‼……」

次元の違う提案については後述するが、要は初期投資の5・5億円だけではなく、更に2800億円？の49％？（慌てて電卓を弾いてみたところ1372億円‼……）も（これから上場させるＪＶ会社の株という形で）提供できる予定だ（つまりタダくれる⁈……）と先方は真顔で申しているのだった……。

と、のっけからここまでお読みになって頂きどう思いましたでしょうか？

ほとんどの方はそんなうまい話あるわけない！何か必ず裏があるに違いない！ある方は、この話はあり得なくもない。が、かなり特別なケースに限られる。きっとどこかの大手が「ノーベル賞ものの発明」でもして、海外から（事業）提携のオファーが来た……恐らくそんな感じだろう……というリアクションかもしれません。

が、結論的に申し上げると、これらのご意見は正解ではありません。このやりとりでの「香港側」とは、香港にある某医療系上場企業（の会長）のことであり、今回は、その会長本人及び技術部門のトップ含めた計3名が日本の某医療系ベンチャー企業を訪問し、デューデリした際の対話内容なのです。

因みに、この日本のベンチャー企業の当時の経営状況は？というと、保有技術は確かに高く（いわゆる「トップニッチ」型の企業）日本国内でいくつか特許を取得してはいるものの……あまりにニッチ（隙間）すぎ？なのか、あるいは商品価格が高すぎ？なのか……残念ながら日本（国内）での売上げはあまり芳しくなかった。

　厳密に申し上げると、需要の割にどう見ても大きすぎる工場、同時に進めている次世代モデルへのＲ＆Ｄ（研究開発）投資、そして（エンジニア）スタッフの人件費等々……と毎月のランニングコストの方が大きくなってしまい、結果として好調時に蓄えておいた内部留保を取り崩して（会社を）廻している……と、そんな状況だったのだ。が、社長曰く、（開発中の）次世代モデルが完成すれば充分にＶ字回復できる……と本気で考えていたのだった……。

　尚、この時点で、営業活動は国内のみ。とのことだった。海外からの提携話も過去にあったらしいが、（詳細は不明だが）どうやら言葉の壁が大きかったようで、その後うやむやになってしまったらしい……。また、保有する資産（不動産など）は？というと、前述の通り事務所とは別に（不相応に）大きな工場があったが、担保の上限枠は既にいっぱいとのことで、つまりこれ以上の借り入れはできないだろう……とのことだった。

　当時、この代表のメインの仕事は、事業存続のためなんとか周りの友人などに、自社「株」と引き換えに（小口の）投資してもらっている……とのことだった。この（自社）株と引き換えの資金調達方法は「エクイティ・ファイナンス」というのだが、（そういえば）聞こえはいいかも知れないが、この調達方法が唯一成功するためには、株に流動性があり（つまりいつでも換金化でき）また誰にでも明らかな出口（今回でいえばより大きな「リターン」できる根拠や自信）あっての話なのだ……。

因みに一般的に、ベンチャー会社の出資者への「リターン」（出口）は、日本の場合はＭ＆Ａ（買収）されるか、またはＩＰＯ（もっとも一般的なのは東証マザーズへの上場）なのだが、このような延命措置状態の会社には当てはまる由もなかった。よって、この社長さんにとっての現実的な出口とは「大口受注」（の獲得）と、どこかからの「更なる資金調達」（の達成）だったのだ……。

こんな経営状態で今までよく投資家が集まったものだ……が、これはこれで、この社長さんの一つの才能では？……などと（私は個人的には）妙に感心しつつも、この「一応業界では名の知れた医療系（ベンチャー会社）です……」と、あいさつの際にそう称していた社長さんも（人間的には）悪い人ではなさそうに思えた。同時に、ひょっとしたらいつものあの戦略が今回のケースでもハマるかもしれない……と密かに思い初めていたのだった。

ご紹介が遅れましたが、私は香港のある国際弁護士事務所と共同パートナー契約し、日本の中小やベンチャー企業にあるコンサルティングをしてきております。

あるコンサルティングの詳細については本著に譲りますが、今回のケースのような（あまり喜ばしくない？）状況下での依頼は少なくありません。

ということで、私の当時のミッションは、この「今にも潰れそう？」な日本のベンチャー会社に、「海外」のどこからか、いち早く「大口資金」を投資してくれる（エンジェル）企業、及び商品の「大量購入」をしてくれる企業（できれば両方）を探し出し、（両社間で）契約合意を取り付ける……だった。

　結論的に、その後私はこの会社の代表（当時の会長さん）と一緒に何度か香港を往復することになり、現地のベンチャーキャピタル（VC）、コーポレート・ベンチャーキャピタル（CVC）プライベート・エクイティ・ファンド……などの投資家（投資会社）や投資銀行合計約10社にそれぞれ資金調達と商品の販売を目的としたプレゼンを行なった。

　結果は？というと、読者の方にとっては少々意外？かもしれないが、投資家からのリアクションは思った通り概ね良く、ほとんどのケースでMOUを（先ずは）交わすことができた。

※ワンポイント解説　「MOU」
Memorandum of understanding の略で、例えば、相手がプレゼンの内容に興味がある場合、その内容の理解にお互い間違いないか？を確かめるために書面化する行為のこと。当然相手側が「前向き」の場合のみこのようなリクエストが入る。

　が、それから更に1ヶ月後、2回目の（香港）渡航時（の際にプレゼンした新規）のお相手（の反応）は今までの他社のケースのそれとは明らかに違った……因みに、通常我々の1回の渡航は2泊3日で、1日平均2~3社（の投資銀行やVC）とお会いしプレゼンする（これを都合2日工程で行なう）。よって通常1回の香港出張でトータル5社前後の「新規」プレゼン（または2回目以降の相手との「継続」商談）となる。

　ということで今回も最初のプレゼンが終わり、MOUのリクエストかな？と思いきや……、

「話はよくわかった。とても興味がある。可能な限り早く訪日しデューデリしたい。（デューデリで）問題ないようなら即投資したい」……と真顔でコメントしてきたのだった。

　詳細については後述するが、我々の商談スタイルの特徴の一つなのだが、こんな具合に相手のレスポンスはすこぶる早い。このように「初回」のプレゼン終了後、即意思表示してくるケースは実はさほど珍しくない。理由は、我々は原則として「決定権者」としか会わない（商談しない）からだ。つまり、香港の投資銀行、ＶＣ、プライベート・エクイティー・ファンド等々、皆さん我々のプレゼンのお相手さんは名のある香港での上場企業ばかりなのだが、その中でも（彼らの）「決定権者」自ら担当者になってもらう座組みになっているのだ。よって多くのケースで決定権（担当）者は、最初のプレゼン終了後に行けると思えば即「我々に資金調達させて下さい」（Let me take care of your financial part in Hong Kong.）とごく当たり前？のことのように意思表示してくるわけなのだ。

　また（この点も詳細は本章に譲るが）、今回の例に限らず私は日本の企業さんからこのような大口の資金調達コンサルティングの依頼を受ける場合、原則として企画、立案、実行の全ての工程をタイアップ先の香港の弁護士事務所と共同作業で行なっている。その場合、私は英文プレゼン資料の作成、プレゼンの実行そしてプレゼン後の日本側（の英文での受け答え）窓口が主な担当になる。

　香港側の担当は、行けそうな投資銀行、プライベート・エクイティ・ファンドやＶＣ（の代表）に直接コンタクトをとり、（お茶でも飲みながら）投資（今回の案件）に興味があるか打診し、「ある」の場合、実際の我々のプレゼンに招集させる。というスキームとなっている。要は日本的にいうならば、東証一部の銀行や証券会社（の代表）に直接私的なラインして、我々の初回プレゼンにその代表自ら来てもらい（更に興味があるならば）その場で意思表示して（決めて）もらう……という日本では多分ありえないだろう座組みになっている。

因みに私自身、（今までに）このような香港の大手投資銀行等（の代表またはその他の決裁権者）とのサシ商談を200回以上してきたのだが、その折に私の隣で一緒にプレゼンしてきた社長さん（つまり依頼主）の業種もまちまちとなっている。今回のケースのような「医療系」も多いが、その他の製造業、流通業、某大学研究室へのエンジェル投資、貿易業、不動産開発業、ソーラーエネルギー業、某芸能事務所（とマカオの某有名ホテルオーナー及び香港芸能事務所とのタイアップ交渉）、日本でクリニックのM&Aを業としているコンサル会社（への海外からの投資資金の調達交渉）、アパレル業、風力発電業、内外装系デザイン業、国際結婚仲介業……等々。振り返ってみると自分でも呆れるほど企画、立案、実行してきた。

所感としていえることは、やり方次第で日本の中小零細、ベンチャー企業（の多く）は日本よりも海外の方が「資金調達」だけでなくその後の「事業展開」ともに成功する（成功してしまう）……という点だ。やり方の詳細は本章にて後述するが、著書にて解説されているコンテンツや戦略などは原則全て私自らが海外で体験した内容（がベース）となっている。

が、恐らく、書かれている内容についての多くは、金融学、投資学、経済学、経営学……等々のいわゆる学術的な視点からすると「常識とは違う」とか「それは経済理論と矛盾している……」となる可能性は高いだろう。とも思っている。それもそのはず。我々のチームには、そもそも一人も金融機関出身者がいないのだから……。私は20年間、米国で（日本のベンチャー企業を対象に）海外投資のコンサルタント会社を経営しており、相方も国際弁護士（の事務所のオーナー兼代表）だ。ある意味お互い金融とは「異なる業界」からそれぞれの流儀や成功セオリーを持ち込んでプロジェクトを遂行しているのだ。つまり、我々はその日本の常識とやらをそもそも知らないのだ（笑）。

我々の常識（スタンス）はこうだ。まずは何事も経験。結果を気にせずまずはクライアントが喜ぶと思うことはどんどんやってみよう。ダメならその時改善すればいい……と、お互いその程度の決め事しかなく、結果的にそれで「うまくいった」セオリー（例えば、前述の投資銀行の決定権者に自ら担当になってもらう……といった発想）などについては、その後も繰り返し使い、更に成功することで、そんなセオリーはやがて「チーム内での常識」になっている。ただそれだけのことなのだ（なぜそんな手法がそもそも可能となるのか？といった点についてもあますことなく本章で解説したつもりだ）。

最後に、本著の執筆にあたり（解説する上で）ところどころデータや個人的な感想など取り混ぜることで、より理解が深まるよう心掛けたつもりです。が一方で、仕事柄、守秘義務契約などの理由により実名、社名などプライバシーやコンプライアンスに関わる点は伏せておりますので、ご了承下さい。

「外資マネー」獲得マニュアル——目次

第6章 海外の投資銀行が「今すぐでも投資したい」日本の中小（やベンチャー）企業のスペックとは?のリアル

第7章　これが海外発投資銀行を落とすプレゼン交渉の全工程だ！

第1章　日本の「中小企業・ベンチャー企業」の未来はどうしようもなく明るい！

中小企業やベンチャー企業のイメージは？（と聞かれたら）あなたはどんなお答えになるだろうか？「大きな同じ夢に向かう集団……」といったポジティブなお答え？それとも「不安定で景気に大きく左右される……」といったネガティブなご意見だろうか？

(1)「中小企業のイメージ」のリアル

海の向こう側で起こっているある現象が、今後の日本の中小（ベンチャー）企業に大きな変革をもたらすことになるだろう……。が著書のテーマなのだが、本題に入る前に日本で99％以上を占めているそんな中小（やベンチャー）企業の現状について（あらためて独自で）検証してみたところ以下のような結果になった。一点ずつ解説していきたい。

中小・ベンチャー企業の現状　検証結果①

「中小やベンチャー企業の現状は大手（企業）と比べると総じて厳しい。そして将来もこの状況は変わらないだろう」

なぜなら大手と比較した場合

●事業スケールが小さい
●売り上げも小さい
●従業員も少ない
●給与水準も低い
●離職率も高い
●倒産率も高い

……等々案の定と言うべきなのか、圧倒的に悲観的なご意見の方が多いようだ。

中小・ベンチャー企業の現状　検証結果②

Q　中小企業の「強み」とは？

それでは、そんな「悪条件ばかり」が目立つ中小（ベンチャー）企業だが彼らの「強み」は何か？　中小零細やベンチャー企業でも、中には大きく成功している例もあるではないか？

……と。

Ａ　成功している典型的な中小ベンチャー企業の特徴は

●特定ジャンルの「スペシャリスト」になっている

●人と資金を「一点に集中」している

……等々要約すると「巨大総合デパート」（大手）には「専門店」で対抗しろ。という成功概念がイメージできるようだ。

中小・ベンチャー企業の現状　検証結果③

Ｑ　そもそもなぜ大手は中小やベンチャー企業より「安定」しているのか？

ここで一つ素朴な疑問がある……（検証結果から）大手企業の安定（優位）性はよくわかった。が、それではそもそも大手（企業）は、なぜ中小（企業）より「優位」なのか？単純に「大きい」から安定（優位）？ということになるのか？

Ａ　この答えも（見方次第で）百人百色のようだが根っこは同じのようだ。答えは「資金力」があるからだ……と。要するに大手の方が中小企業より「多くの資金」がある。そしてその資金「力」で

●大きな仕事

●大きな売り上げ
●大きな利益
●大きな雇用
●大きな給与
……を可能にしている。だから優位（であり強くて安定している）……と。

中小・ベンチャー企業のイメージ　検証結果④

Q　そもそもなぜ大手はそんなに資金を持っているのか？

「資金力」の差が大手と中小企業との差を生んでいる……のは間違いないようだ。が、そうなるとまた別の疑問が生まれてしまう……それでは（そもそも）なぜ大手はそんなにたくさん資金があるのか？単純に中小（企業）よりサイズが大きいから、利益（儲け）も大きい？からか？……と。

確かに大手（会社）の事業規模は大きい。よって利益も必然的に大きくなってしかるべき。と、いいたいところではあるが、当然その分コストも大きくなれば、結局同じではないか？……となってしまうかと。

う〜む……なぜなんだ？……。それでは核心に入りたい。

Ａ　それは大手（企業）は、資金を調達できる「手段（チャンネル）」が中小より多い。結果として「集まる資金の量」も多い。これが答えだ。

例えば何か事業をスタートする際、大手でもベンチャー（企業）であろうとも、手持ち資金は「少ないより多い」方がいい（成功する可能性は高くなる）わけだ。が、実際上そんな「大きい（手持ち）資金」はどうすれば実現化するのか？と考えた場合、

■「中小」企業のケース

①（もっと稼いで）利益を残す………（経営）

■「大手」企業のケース

①（もっと稼いで）利益を残す………（経営）
②銀行から借りる…………………（経営）
③投資してもらう…………………（資本）

とこんな具合に大手の場合は「３つ」に（資金を調達するチャンネルが）増えるわけだ。

※ワンポイント解説　「資本と経営の分離」

株式会社の大きな特徴の一つは、「株主」と「経営者」は建前上別々になっていることだ。これは「資本と経営の分離」と呼ばれている。つまり経営者は「経営」だけする者で、経営してい

る会社に自ら投資する必要はなく、逆に株主とは、会社に「投資」だけする人たちで、経営することはできない。が、実際上日本では企業の99%以上を占めている中小（企業）の場合、多くのケースで「同じ者」が「オーナー」兼「社長」となっている。

「3つのチャンネル」とは？例えば（イメージ的には）大手企業の場合会社の金庫には、
①自分で稼いだ（お金）
②他から借りた（お金）
③他から投資してもらった（お金）
が、いわば「ごちゃ混ぜ」に札束が積んである（笑）……と、（極端な話）そんなイメージなわけだ。

この差は大きい。
なぜなら大手の場合、稼ぎ（①）がない場合でも金庫にある「その他のお金」（②③）を持ち出せるからだ。また仮に、その結果金庫が空になったら？……問題ない。なぜならまた投資してもらったり、（銀行から）借りればいい。となるからだ。
※実際は「ムーディーズ」などの格付け会社が逐次（主だった企業の）業績をチェックしており、評価が下がると調達は難しくはなるが……とはいえほとんどの中小ベンチャー企業にはそんな選択肢（②③）は初めからない。

(2) それでも日本の中小企業の未来はどうしようもなく明るい！（特にモノ造り業）のリアル

なんだか中小、ベンチャー企業のネガティブな点ばかりが逆に顕著になってしまったようだ……（苦笑）。が、ここでまた「新たな疑問」が生じてしまう。

確かに大手は中小より優位（強い）＝中小は大手より弱い。なぜなら資金力に差がありすぎるから……。と、これは事実だし（資本主義である以上）覆ることはないだろう。が、それではこの質問はどうか？中小は大手より「弱い」＝中小は大手より「劣っている」……ともなるのか？

例えば、「中小」は「大手」より、

●持っている技術は低い。理由は「大手より劣っている」から
●商品、サービスクオリティも低い。理由は「大手より劣っている」から
●売れていない。理由は「大手より劣っている」から……となるか？と。

もしそうであるなら、日本国中すべて大手企業しか存在しない……と（結果的に）なってしかるべきではないか？と思うのだ。

この疑問にお答えするにあたり、あるヒント（奇妙な法則）？についてコメントしてみた

いと思う。例えば業種や会社の規模はどうであれ「営業」担当の方は「営業プレゼン」の機会が多いかと。が、そのプレゼンなのだが「奇妙な法則」（のようなもの）があるように思えるのだ。（かく言う私もかつてある大手企業で営業職だった経験があるのだが）例えば、同じプレゼンでも「大手」の場合、必ずといっていいほど「弊社の業界でのマーケットシェア」……と、まるで常套句のようにそう表現してくる。確かにマーケットシェア（市場占有率）が大きければ、（同業）他社より売れている証明にはなるだろう。よって弊社の「お客からの評価」も（同業）他社より高い。よって成功している弊社との契約をお勧めしたい……と、まあこんな論拠のようなのだ。

が、実際はどうであろうか？例えばあなたの地元で人気の「ラーメン店」や「カリスマ美容院」、あるいはお気に入りの「オーガニックストア」……などのマーケティングシェアを（あなたは）ご存知だろうか？あるいはスタッフ入れても10人程度の「ミシュラン」レストランは、（従業員数千人規模の）大手FCレストランより「マーケットシェア」は小さいことだろう……。が、その場合（お客からの）評価もまた小さい？のだろうか？

(3)「評価してくれるパートナー」の選び方次第で（日本の中小・ベンチャー企業が現在置かれている）形勢は逆転できる！のリアル

ルイビトン、グッチ、ボッテガ・ベネッタ、コーチ、ジバンシー、エトロ、フェラガモ、シャネル……といったブランドを知らない人はあまりいないと思う……。が、これらのブランドバッグの「ファスナー」を造っている未上場企業の名前を知っている人はどれだけいるだろうか？

世界で20億台以上売れている「アイフォーン」を知らない人はいないと思う……。が、「内側」の主要パーツはどこの会社が製造したか？まで知っている人は稀だろう。

クルマ好きでなくても「フェラーリ」を知らない人はあまりいないと思う……。が、フェラーリの「ギア」を造っている会社の名前はまず表に出ない。

ラプター（F-22）は、米国空軍の主力戦闘機で現在最も脅威的な戦闘機の一つ。として世界（の軍関係者の間）では知られている。（脅威の）理由は、いくつもあるのだが、その一つとして世界トップクラスの「ステルス性」（戦闘機）だから。という点が挙げられると思う（つまり敵のレーダーに自機は映らない。が、自分のレーダーに敵機は映ってしまう……）。当然そんなステルス技術の最重要パーツ（の一つである「素材」特に繊維素材）はトップシークレット（要するにこの「特殊な繊維」が敵機のレーダーに反応しない）なのだが、実はある国外のメーカーに外注されている可能性が高い……ということがわかっている。

これらは一見すると地味な情報かもしれない。が、成功している日本のモノ造り会社のパートナーは意外なところにいるものなのだ。

第２章　日本の中小企業ベンチャー企業の多くはやり方次第で「海外で無双」できる。のリアル

(1)「お客さんからの評価」では絶対負けないのに……

こんな経験はないですか？美味しかった。いつも賑わっていた。みんなから愛されていた。あの地元のレストラン……が、ある日突然閉店してしまった！一方で同じ地元でも「大手のＦＣチェーン」店の倒産を見たことはありますか？恐らく大手（ＦＣ）の場合は、閉店しても２～３ヶ月もしたら、また違ったＦＣ形態（看板の付け替え、店内のリニューアル、ユニフォームも変えて……）で平然と「新規オープン」していませんか？

これが資金調達の差です（看板は違うけど会社は同じ……）。不安定な中小零細そしてベンチャー企業……が、もしこんな具合に大手同様の資金調達力があったとしたらどうなるか？……私の答えは明快だ。恐らく多くのケースで大手と中小、彼らの今の形勢は「逆転」するだろう。

つまり前述の例に戻るとするならば、あの「美味しかったし、いつも賑わっていたお気に

入りのレストラン」は当然なくならない。それどころか、（資金力を発揮してやがて）店舗数は国内外で８００を超え、総売り上げはなんと３５０億円を超える可能性がある……。あるいは赤字（の中小）メーカーであれば？（その後）数年でV字回復し、彼らの（職人による手造り）製品はやがて総理大臣からアメリカの大統領への贈り物になる可能性がある……。そういうと「また夢みたいなことを……」と私はいつも白い眼で視られることになるのだが……（苦笑）。

(2)（日本の）中小ベンチャー企業の「資金調達」のリアル

どこの国でも通常日本同様に「ごく一部の上場会社」と「圧倒的多数の中小企業」という比率になっている。そして前述したように、大手は自己資金以外に第三者からの資金調達手段として

①借入れする

②投資してもらう

というオプションが加わるという点について述べたが、それであれば（もし仮に）「中小やベンチャー企業」も同様にこちらの①と②を日本国内でトライ（第三者に依頼）するとどうなるか？……ご参考までに最も起こりうるシナリオについてコメントしておきたい。

①「借金」申し込み（に銀行を訪れた）ケース

●銀行側の回答

借入れと同額の現金または不動産等の「担保」があることを証明して下さい。

②プロ投資会社に「投資を打診」したケース

●投資会社側の回答

投資したいのは山々ですが、こちらも預かったお金を投資する以上「あなたが成功するだろう……。と（客観的にアナライズした上で）思えるからこそ投資する」というスタンスになります。よってあなたの実績（つまり既に成功していること）をまずは証明してください。

表現は違えど大体これが一般的な回答となる。要するに（ある程度既に成功し）担保がある（または一部の天才的な発明）などを除き、①も②もなかなか前には進むことはない……。残念ながらこれが日本での現実なのだ。

(3)　日本の中小やベンチャー企業が「上場」できる可能性はあるか？

一方でこんなご意見もあるかもしれない。地元でそんなに評判で繁盛している……のであれば、東証のマザーズ（新興市場）あたりに「上場」できないものか？と。もし上場（ＩＰ

O）できれば、（こんな風に金欠のたびに）いちいち借金や投資家回りをしなくても済むではないか？と。

おっしゃる意味はわかる。が、結論的にいうとその道は更に険しい。例えば「上場」は証券取引所に申請するのだが、当然のことながら厳格な審査がある。例えば売上や利益の額、従業員数、株主の数、コンプライアンス状況……等々事細かに精査される。一例を挙げると、（最も基準の低い）マザーズの場合ですら株主（従業員ではなく）最低300人、最低時価総額5億円、更には上場コストだけで少なくとも数千万円単位……で必要になる。つまりこの基準だと先ほどの例に出した「ミシュランレストラン」でさえ、規模が小さいから無理……となってしまうわけなのだ。

■会社立ち上げから「上場」するまでの道のり

ご参考までに日本で新規で立ち上げた会社が国内で「上場」するまでのステップは大体以下のような感じになる。

①あるアイディアを思いつった
自己資金、自宅兼事務所でとりあえず個人事業ベースでスタートした
↓
②小さいながらも一応うまくいった
儲けはそのまま「再投資」した

←
③売り上げもっと伸びたので「法人化」した
正式にオフィスを契約した。スタッフも雇いはじめた
←
④もっと売り上げ伸びた
自宅マンションを購入した
そのマンションを担保に「銀行借入れ」できた
←
⑤売上げ更に伸びた
が、借入れも大きくなり「借りたお金は返さなくてはならない」……と不安に感じ始めた
←
⑥投資家からの「投資金」なら仮に事業が失敗しても返さなくてもいい……とアドバイス受けた
←
⑦投資家から「資金調達」した
更に成功し事業規模はもっと大きくなった
←
⑧気が付いたらマザーズ上場の基準数値をクリアーしていた
←

⑨マザーズ上場申請した
↓
⑩3年後審査終了
マザーズ上場できた

通常このようなステップを踏むのだが、簡単な道のりではないことはこれでお分かり頂けたかと。要するに上場までの道のりは「勝ち抜け（トーナメント）制」のようになっておりゴールできる可能性はゼロではない。が、それは、（高校野球で例えるとするならば）「甲子園で優勝する可能性はゼロではない……」と、申しているようなものなのだ。

(4) 「海外」企業の不思議な資金調達文化のリアル

日本の中小企業にとって資金調達が非常に困難である点が様々な検証で明らかになってしまった……ようだ。大手との対比を整理すると、

● 「中小」企業……銀行借入→困難　投資家からの投資→困難　上場→困難
● 「大手」企業……銀行借入→OK　投資家からの投資→OK　上場→OK（既にしてる）

ここまで一貫して私の主張（中小・ベンチャー企業の未来は明るい！……）は否定されているようだ。しかも裏付けデータ付きだ……（苦笑）つまり中小企業の資金調達はほぼ不可能。は事実である。と。

それではここで「最後の質問」をしてみたいと思う。このような「ほぼ不可能な道のり？」は「海外」の中小ベンチャーでも同じ環境（つまり資金調達はほぼ不可能という同じジレンマ）なのか？……と。

ということで、以下２社ほどケーススタディー的に海外のベンチャー企業（しかも赤字経営！）による海外での資金調達の環境（のリアル）をリサーチしてみた。

(4)―1　某海外の「U」株式会社の資金調達例

まず第一に、この「U」株式会社は執筆している今日現在、設立してから一度も（年間）収支が黒字化したことがない。が、不思議なことにどこかの海外？で一応「上場」会社となっている……。

と、ここまでお読み頂いたところで、（突然ではあるが）あなたのご意見を聴いてみたい。この「U」社、先ほどの日本の常識からすると会社の金庫（失礼！銀行の口座）にどれくらい資金があると思われるか？……と。でもこれはおかしな質問かもしれない。収支がマイナスの会社、しかも設立してから今までずっと……であれば誰もがこの会社の「火の車」状態？

は容易に察しがついてしまう……かと。そう考えると、経営状態は恐らく……

①よほど酷い経営や管理能力?……なのだろう。であれば、お客さんからもそっぽを向かれているに違いない。一方で、上場している?というが、日本の常識からするとなぜ（上場）できかたのか?全く信じがたい。恐らく（近年スタートしたような）要はどこかの「新興国」（の証券取引所）での出来事に違いない。こういう例は確かにたまにある（そうでもしないとなかなか上場する企業が現れないから審査を甘くしている……）。が、そんな新興マーケットでは、そもそも投資家（の絶対数）も少なく企業にとっても（肝心の）資金が集まらない。よって結局上場する意味もない……となってしまう。どっちにしても、日本の常識からすると「金庫に金などあるわけがない……」となっていることだろう。

②「銀行借入れ」は可能か?

「何期も連続して赤字収支……」であれば、日本の常識からすればすでに当初の担保（もしあったとしたら）など既に没収されてしまっていることだろう……。が、一方でおかしなことに（この会社）どこかの海外で「上場」している?という。ということは日本の常識からすると、（銀行借入れに対して）社長個人の担保（個人保証）は要らない。となるわけなのだが、既にそういう次元の問題ではないだろう。なぜなら（会社単位で見ても）ずっと赤字である以上、株価は低迷しているだろうし、そんな「紙切れ同然」の株が（借入れの）担保になるとは（日本の常識からは）到底思えない……からだ。よってこのケースでも答えは同じ。

「金庫は空」かつ倒産秒読みで間違いないだろう。

③それでは最後に、「投資家からの投資」は受けれそうか？

そもそも①②の時点で「経営失格」の烙印を押されている（リターンを今まで一度も出したことがないだろう……）会社に誰が投資しようと思うか？日本の投資家からすれば、それが新興国マーケットでの出来事だったにしても、そもそも上場認可されたこと事態がちょっと異常な話だし、仮に何かのミスや忖度？で（上場）認可されたところで誰も（そんな会社には）怖くて投資などしないことだろう。ということでいうまでもなくこのケースでも、ご質問の答えは「金庫は空」にきまっている。と……。

■「U」株式会社のリ、ア、ル、

今日（著書を執筆している）現在、

●会社の金庫（口座）………………８７４８億円（ＩＰＯ時の日本円換算）既に入金済み

●時価総額（株価×発行株数）……（日本円換算で）約７・66兆円となっている。

因みに（本日現在）「日本」の企業で、この赤字のＵ社より（前述の）時価総額が大きい会社は、トヨタ自動車社とNTTドコモ社などの8社だけ（ご参考までにU社の時価総額はパナソニック社の約4倍、日立製作所社の2倍以上……）となっている。

この会社の名前？は「Ｕｂｅｒテクノロジー社」だ。上場した場所は米国（ニューヨーク証券取引所）となっている。


尚、この会社、「テクノロジー」と社名に入っているのだが、一体どれだけ革命的なテクノロジーなのか？ということでこれだけ高評価されている理由？を自分なりに調べてみたのだが……、確かに一応「製造業」なのだが、前述の日立やパナソニックのようなビジネスモデルとはどうやら少々違うようで、大きな工場などはないようだ。またサービス内容は？というと、一応「移動手段」を提供してはいるものの、タクシーとは違い、車（車輌）そのものを提供しているのはこのウーバー社ではなく、車の持ち主だし、保険やガソリンも車の持ち主負担となっている……。

因みに、理由は不明なのだが、（執筆している）本日現在日本ではこの会社の「移動」サービス？は行なわれていないようだ。

と、なんとも不可思議なビジネスモデル……なのだが、それではこの会社は一体どこで儲けているのか？その答えは（サービスの）利用者が払った金額の一部。とのことだ。

う〜む……確かに「今までにない」ビジネスモデルではあるものの……これが7・66兆円の（企業）価値？日本（東証）なら第9位（因みに本日現在東証一部上場企業数は2131社）になってしまうほどの時価総額？日本で営業してないってことは、自国マーケットだけ？安全性は本当に大丈夫なのか？……そもそも経営収支上この会社、設立以来ずっと赤字……ってことは日本の常識からするとオフィスの家賃や給料さえ払えないし（当然投資しても）配当金も出ないってことだろう……それって？結局、（日本でも）どこにでもあるような（言葉は悪いが）「ただの失敗した破綻寸前の会社」と同じではないか？……と。

■ご参考までに執筆時点での時価総額など日本と海外の比較を整理してみると、

海外（米国）の例
ウーバーテクノロジー社……　収支…（赤字）　時価総額…７・66兆円
（日本の例）
日立製作所社………………　収支…黒字　　時価総額…３・02兆円
パナソニック社……………　収支…黒字　　時価総額…２・01兆円

(4)—2　某海外の「T」株式会社の資金調達例

前述のウーバー社の例……はきっと何かの人為的ミスに違いない……いや、日本の常識からあまりに逸脱した評価……これはミス以外には説明がつかない……。

ということで次の例は、製造業の「T」社だ。今回も先ほどのウーバーテクノロジー社と同じで、設立以降（執筆している本日時点で）一度も年間の経営収支は黒字化してない……（汗）。業種的には一応「自動車メーカー？」ではあるのだが、電気自動車（EV）で、エンジン（にあたる電気モーター）を含めて主要パーツの多くはなんと外注しているという……。

またこの会社、「提携ディーラー」も原則なく「自社」店舗のみでの販売となっているのだが、奇妙なことに、今後それ（自社店舗）さえもなくす?!と代表自ら公言している……つまり、これって買おうと思っても「買う店がない？」となるようなのだ。

う〜む……それにしても奇妙な会社だ。エンジン（にあたるモーターのパーツなど）そのものを外注している自動車メーカーなど日本では聞いたことがない。確認したところ（この本を執筆している）本日現在、世界に自動車のメーカーは４１６社あり２０１９年の販売台数ランキングは？というと、

１位　フォルクスワーゲングループ……１０９７万台
２位　トヨタグループ………………１０７７万台
３位　ＧＭグループ…………………８３８万台

となっている。で、この新興の「Ｔ」社は？というと、36万台……思った通りだ。トヨタの３％!?（要は全然売れていないのだ……）ましてや今後ディーラー（実店舗）もなくなればもっと売れなくなるのでは？……と思ってしまうのは私一人だけだろうか……。

日本であれば一体誰がこんな無茶苦茶な会社に投資したいと思うか？ご参考までに、社歴

の方もトヨタ、フォルクワーゲンは創業100年近くなのに対して「T」社は17年となっている。

そんな「T」会社のリアルは?……まず第一に、こちらも米国（ナスダック市場）で上場している。そして、現在の（円換算した場合の）時価総額はなんと約22・60兆円。で、先ほどのウーバー社より更に大きく、因みに自動車業界ではトヨタ自動車、ベンツ（ダイムラー社）やBMW社よりこの新興赤字会社の方か上（416社中なんと首位）となっている……。

この会社の名前?「テスラモーターズ社」だ。

整理すると、

■時価総額ベースの比較（執筆時点）

●テスラ社　収支……（赤字）時価総額……22・60兆円
●ベンツ（ダイムラー）社　収支……黒字　時価総額……7・9兆円
●BMW社　収支……黒字　時価総額……5・7兆円
●フェラーリ社　収支……黒字　時価総額……2・5兆円

※（2020年7月1日現在、21兆7185億円だったトヨタ自動車を抜いて自動車メーカーで世界首位になっている）

■まとめ
海外の（例えば赤字）中小・ベンチャー企業は日本（のケースと）と同じ運命か？
中小ベンチャー企業が資金調達にトライした結果（日本と海外比較）

●「日本」の中小企業・ベンチャー企業のケース
日本では、
投資家……ほとんどいない（いても小口）
上場………ほとんど不可能

●「海外」の中小企業・ベンチャー企業のケース
海外では、
投資家……赤字経営でも日本の常識を逸脱するほど（大口）投資されている
上場………赤字経営でもトヨタを上廻るくらい（日本の常識を逸脱するほど）の大型上場できている

第３章　赤字ベンチャー?……が海外なら資金調達なんと８７４８億円?!　ヤバすぎるカラクリ……「６つの要因」とは?

意外な結果としかいいようがない……ダメ元で調べた海外ベンチャーの「海外での」上場（による資金調達）の現地事情……が、なんと一転して彼らは（日本での常識からすると入力ミスではないか?と疑われてしまうほどの……）大成功していた！その調達額８７４８億円也（時価総額はテスラ社はなんとトヨタより上だった……）。この結末は何なんだ?!どう考えてもおかしすぎないか?……。

この疑問点、以下のように答えは二つに一つしかない。

①何かの人為的ミス（手違い）

どちらもコンプライアンスの厳しい米国での上場であり、考えづらいのだが、同じミスが前述の２社双方に起こった……（それによりミスで上場認可され、またミスにより高値となった……）。

②海外（少なくとも米国）金融マーケットは日本と「全く違うＩＰＯルール」で動いている。

SF映画じゃないんだから……これとて……。

ということで私は「更に」リサーチすることになったわけなのだが……結論から先に申し上げると①でないことはすぐ判明した（コンプライアンスが世界でもっとも厳しいことで知られている米国の証券取引所のことで、これはまあ当たり前ではあるが）。ということは答えは②なのだ。が……これが何とも奇々怪界というか……（当初思っていた以上に）奥が深い……のだ。

何というか確かに日本と海外「違うIPOルール（や文化）」なのは後述するように間違いない。が、リサーチすればするほど、日本では起こりえない？要因（法令や商習慣、あるいは経済政策…など）がいくつも顔を出しそれらがひょんな理由から「合体」し、最終的に日本とは「違うルール（や文化）」に至っている……と、そのような構図になっている（ように私には見えてしまう……）のだ。ということで、本章ではそんな日本とは「違うルール？」を更にリサーチしていく中で、「新興赤字会社の価値がなぜトヨタ自動車より上になるのか？」また「なぜ8000億円もの投資が集まったのか？」。その中心的要因となっていると思われる「6つの（日本にはない、または日本とは違う）カラクリ（要因）」について解説してみたい。

(1)　赤字会社?·でも海外では８７４８億円調達?!……のヤバすぎるカラクリ（要因①）

上場のルール？基準？……なんとそれぞれの国が「好き勝手」に決めていた！

「何人《なんびと》も法のもとでは平等である……」これは私が勝手にそう願っていることではない。日本国憲法第14条（の記載内容）だ。よって、もし世界中の憲法の基本概念（民主国家であれば）が同じであるならば、世界中どこでも法のもとでの「平等」は保証されてしかるべきだろう……ともいえるわけだ。が、実際はどうだろう（平等であろう）か?·例えば本日現在日本で「所得税」は最高で45%だがモナコの最高は０%だ。つまり所得税がそもそもないのだ（因みに所得税以外にも相続税と贈与税もないらしい……）。

オランダのハーグには国際裁判所もある。が「平等じゃない！憲法違反だ！」などと（モナコが）周りから訴えられている様子はないし、税率も（私がみる限り）そのままだ……。

ここで一点明確になったことは、世界にはたくさんの国があるわけなのだが、こんな具合に、それぞれが好き勝手に法律や法令を作っている……のが「現実」なわけなのだ（「税率」の違いなどはその中のほんの「一例」に過ぎない）。が、ここで重要な点は結論的に「国際法上全く問題なし」とまるでスルーされている?·ことだ。つまり、こんな具合に（税率など）

好き勝手にしていい。「という自由」こそが「自由と平等の精神」なのであり、他国はこの主権の自由を侵すべからず……と（諸外国の間では）そう解釈されているのだ。

つまり日本の企業がＩＰＯ（して資金調達）したい。と考えた場合、

●「日本」でＩＰＯする場合……「日本」の（証券取引所が好き勝手に作った）ルール
●「アメリカ」でＩＰＯする場合……「アメリカ」の（証券取引所が好き勝手に作った）ルール
●「香港」でＩＰＯする場合……「香港」の（証券取引所が好き勝手に作った）ルール

と、なんびとも「当該国」が好き勝手に作った「ルール（法令）」に従う。となるわけだ。

※所感として

つまり、もし日本の中小やベンチャー企業がＩＰＯ（などにて「日本」）で資金調達したい。と考えた場合、もし日本の（東京証券取引所などの定める）ルールや基準でＮＧだった（自社の現在の業績では東証などの定める条件を充分に満たしていなかった）＝「全て終わり」ではなく「日本でＮＧ？＝日本ではたまたまＮＧだった……。で、他国では（どうなの）？」……と発想すべきなのだ。なぜなら他国は日本の常識からは想像もつかないほど「好き勝手な（ＩＰＯの）ルール」になっているからに他ならない。

(2)　赤字会社？でも海外では８７４８億円調達！……のヤバすぎるカラクリ（要因②）

「経営収支大赤字ですが。それが何か？」海外では大赤字上場の方が多い!?の衝撃

Ｑ　日本の「赤字」ベンチャー企業は日本や海外で「上場」できると思いますか？

Ａ「日本」でのＩＰＯの常識

●ベンチャー企業（しかも赤字経営）の資金調達……ましてやＩＰＯなど日本ではまず無理。

●日本ですらまず無理なのに海外（での上場化）など論外だろう。

●因みに日本で赤字上場した外国の（ベンチャー）企業などもほとんど聞いたことがない。

Ａ「海外」でのＩＰＯの常識

●ＩＰＯ含めて（新興）企業が資金調達するのに国内外の線引きなど通常しない。ポイントはどこ（の金融市場）であればもっとも資金調達できるか？だ。

例えば、

①（米国ナスダック証券市場のケース）
２０１０〜２０１８年の統計では、（この期間）全体の59％が「赤字」収支で（上場）申請しそのまま（の収支で）上場されている。

②（イギリスＡＩＭ証券市場のケース）
２０１０〜２０１８年の統計では、（この期間）全体の58％が「赤字」収支で上場されている。

③（香港chapter 18A市場のケース）
２０１８年の統計では、この年全体の１００％（つまり全社）が「赤字」収支で上場している。

また海外市場では「外国」企業の上場は全く珍しくない。
（２０１８年時点での主な市場における〈上場済〉外国企業数）

●米国（ナスダック）……４３６社
●香港……………………１５４社
●東京（東証）…………４社

※所感として

数値が示すように海外の（ベンチャー）企業は、自国での上場が無理？それなら海外でチャレンジしよう……という動きは常識化している。それどころか、テック系、バイオ系、あるいは特殊技術系などの企業は後述するように一部の海外証券市場の間で誘致合戦（つまり青田刈りともいえる「逆指名」）状態にさえなっている。

(3)　赤字会社？でも海外では８７４８億円調達！……のヤバすぎるカラクリ（要因③）

投資家（銀行）には序列がある。

世の中には「投資家（銀行）」と呼ばれる個人や企業が存在する。因みに未上場会社専門に投資する企業は「ベンチャーキャピタル」とか略して「ＶＣ」と呼ばれているが、彼らには「力」がある。なぜなら豊富な資金を持っているからだ。よって世界中のベンチャー企業は上場（して資金調達）するため、日々無数のＶＣにプレゼンしている……わけなのだが、とはいってもＶＣには序列もある。そう、ＶＣごとに「資金量」は違うのだ……。

例えばあるベンチャー会社が全く同じプレゼンを複数のＶＣにそれぞれ行なった場合、ＶＣごとに結果（評価）は大きく違ってくるのだ。例えばA社では、『あなたの会社は素晴らしい！よって50「万円」投資したい！』が、一方でB社では、『あなたの会社は素晴らしい！

よって50「億円」投資したい！』……と、このような光景は珍しくないのだ。

■VCの「運用総額」の差（2019年現在）

（日本）

●ジャフコ社……………………1・0兆円

●ニッセイ・キャピタル 社 …………0・10兆円

●SMBCベンチャーキャピタル社……0・10兆円

（海外）

●セコイヤ・キャピタル社……………183・0兆円

●ブラックストーン社…………………46・97兆円

●カーライル社…………………………21・50兆円

※因みに同年（2019年）の日本の「国家」税収の規模は63・5兆円だ……。

※所感として

上場化とはあくまで資金調達の一つの手段。なわけなのだが、上場しても資金があまり集まらなかった……という会社は非常に多い。その場合多くの日本人（経営者）は、その理由は自社の実力不足だから……と考える（自省する）傾向がある。が、私はそうは思わない。そうではなく（これでお分かりの通り）本当の理由は「資金が豊富でない相手」（「VC」及び後述する「金融市場」）を選んでしまったから。かと思う。

詳細については更に後述するが、大物ＶＣであればあるほど大きなコミッション（成功報酬ベースでの手数料）実現のために「大きな金融市場」と直結している。（調達額の一定割合を成功報酬として受け取る）ＶＣ側の大きな手数料は、ＩＰＯする側の企業にとっての大きな資金調達（の成功）と同義語であることはいうまでもない。つまり入り口がちゃんと自分（自社）の目標としている出口（見込まれる調達金額）に直結しているか？（例えば過去の同業他社のＩＰＯ事例など）を確認やプロに相談することで、この判断ミス（資金量の小さいＶＣの選択及びあまりマネーの規模が大きくない証券市場でＩＰＯするという……）は防げたのだ。

例えるならば、「漁師」の「目的」はできるだけ多くの魚を獲ることであり、「船に乗る」ことではない。「船に乗る」理由は、船の方がもっと獲れるだろう……と期待できるからに他ならない。が、先ほどの例に戻るとするならば、多くの日本人は「とにかく船購入」（とにかくＩＰＯ）となってしまう。上場することが手段でなく目的になってしまっているかのように……。

その結果?.船は手に入った。そして再び漁に出た……。それで獲れた量は？（船購入）以前とさほど変わらなかった……と。

そう。まずは魚（マネー）がたくさん棲息する漁場（金融マーケット）を絞り込むことが先決であり、船購入（ＩＰＯ申請）はその後でいいのだ。

(4) 赤字会社？でも海外では8748億円調達！……のヤバすぎるカラクリ（要因④）

「海外」の投資家は実は「ベンチャー企業」（への投資）の方が好き！だった。

2019年5月10日、ウーバー社は8748億円資金調達した……そして社長はその結果にとても満足し「笑顔」になった（ことであろう）……が、実は「もう一人」笑顔の隣人（の存在）もあった。そう！IPO実務を担当した「VCや投資銀行」だ。

笑顔の理由？彼らの（上場）手数料（グロススプレッド）は通常「調達金額」の7％、つまり（前述のウーバー社のケースでは）「612億円」にもなるからに他ならない。

※調達額などに応じて手数料率は変わることがあるがここでは便宜上スタンダード化して算出した。

因みに近年、「東証マザーズ上場」（での公募）の際に企業が受け取る資金調達の中央値は3～4億円になっている。つまりその場合のVCが受け取る手数料額（公募による調達金額が平均4億円としても）は（前述の基準値を当てはめるとすると）「2800万円」となる。

■海外と国内のVC手数料（7％として比較すると）

●海外　ウーバー社公募調達額……８７４８億円　ＶＣが受け取る手数料…６１２億円
●国内　マザーズ公募調達額（中央値）…４億円　ＶＣが受け取る手数料…２８００万円

■まとめ

日本（東証マザーズ）―VS―海外……「やることは同じ」にも関わらず、このように「場」が違うことでＶＣが受け取る手数料の差なんと２０００倍以上！……因みにこのウーバー社一社の上場手数料（グロススプレッド）の額は、仮にマザーズの「全」銘柄をＩＰＯした場合の公募額手数料を合計した額より計算上は更に大きい。繰り返しになるがこれはそっくりそのままＩＰＯ時のマーケットからの評価（企業価値）の差でもあるわけだ。このように海外投資家にとって「新規ベンチャーのＩＰＯ」の投資業務はもっとも稼げる仕事の一つなのだ。つまり（これでお分かりの通り）海外では彼ら（投資銀行やＶＣ）が真っ先にお会いしたいお相手とは（実は）どこかの偉い上場企業の代表ではなく、まだ無名ではあるがＩＰＯを検討してる中小ベンチャー会社の社長の方だったのだ……。

(5)　赤字会社？でも海外では８７４８億円調達！……のヤバすぎるカラクリ（要因⑤）

海外には「黄金のトライアングル?!」があった。

巨額な手数料を稼ぐ投資銀行やＶＣ……そんな超人気な（稼げる）金融マーケットは、自国だけでなくどんどん「海外」からもＩＰＯ目的の企業そして大口の投資家双方を引き寄せている……よって新規ＩＰＯの調達金額はどんどん上がる……。するとまた企業や投資家が更に引き寄せられてくる……。

つまりは、
①巨大マネー（の金融市場）
②巨大投資銀行やＶＣ（中には日本の国家予算をも上回る規模感……）
③ＩＰＯしたい企業（国内外問わず）

という三位が（組織として）一体化したような「三角形の関係（トライアングル化）」が長年に亘って出来上がっており、例えば前述の①②③それぞれ（の利害）が相互互助の関係になっている。要は彼らはこの「トライアングル」の内側だけで、人、モノ、カネ（の交換）全て完結できてしまっているわけなのだ……。結果として「彼ら（②と③）」はトライアングルの外に出る用事（必要）などなく、将来のクライアント候補（ＩＰＯ検討中の国内外の企業）も前述の通り「引き寄せ」の法則で勝手に集まってしまう……と（長年そう）なっているわけなのだ。

ご参考までに２０２０年５月現在、日本と海外の主要新興企業向け証券取引所の「資金規模」の違いは以下の通りだ。

●ナスダック証券取引所（米国）………時価総額４８４・６兆円
●マザーズ証券取引所（日本）…………時価総額６・７兆円

このように海外ではＩＰＯのルール（や文化）が日本のそれとは大きく違う上に、更に証券取引市場の規模感や投資家の質と量でも圧倒している。

少々余談かもしれないが、海外のベンチャー会社（で上場を目指している）社長さんの多くは投資家を落とすプレゼン手法も心得ているように思えるので紹介してみたい。例えば（当たり前だが）投資家は技術者ではない。よって投資家側からすると、プレゼンで「専門技術」の（自慢？）話だけを（良かれと思って）延々……とされても（結局のところ）よくわからないし心にも響かない……となってしまいこの（プレゼンの）パターンの多くは没（返事も来ない……）となってしまう……。

それでは投資家にはどんな話をすればいいのか?これは立場を逆にすれば分かりやすいと思う。彼ら（投資銀行）側の関心事は一点のみ。「このベンチャー会社、化けそうか?」だ。つまり多くの投資家にとって、プレゼンとは「大化けしそうな」匂い?の企業の選別の場なのだ。そして、そのようなプレゼンで「トップ合格」したのが（赤字ではあったものの）ウーバーやテスラだった……という構図になっているのだ。

それではそんな「大化け」の匂い（のする企業）とは一体どんな匂いなのか？私の今までの経験からそんな匂いを言葉であえて表現するならば、例えばプレゼン時に以下のようなインパクト（印象）を抱いてしまうような会社なのかと思う。

奇天烈（な社長）の会社、不可解（なビジネスモデルの）の会社、常識外（な成長戦略）の会社、規格外（な信者たち）の会社、革命的（なゴール設定）の会社……。

が、これは何も前述のウーバー社やテスラ社に限らず、ご周知の通り、グーグル、アマゾン、アップル、フェイスブック……など（そういう意味では彼らは）「皆同じ匂い」……と感じるの私一人ではないかと……。またもう一つの特徴として総じて彼らにいえることは、（ここも日本の文化とは大きく異なる点なのだが）皆プレゼン中は、プロの役者顔負けの「奇人」になりきってしまう……という点だろう。

「奇妙」な社長、「常識外れ」の社長、「空想家」の社長……そんなどことなく地に足が付いていない……ような表現も多かった一介のベンチャー（企業）時代の社長さんたち……。

が、ＩＰＯ「後」一夜にして時価総額何兆円？ものオーナーになるや否や（そんな表現は）一転することになる。例えば、「未来を先取りする男」、「神通力」、「カリスマ」、「業界の風雲児」、「異才」、「鬼神」……と、まるでどこかの新興宗教の「教祖」のように崇められる表現になってしまう……。

投資家へのスピーチ？圧巻だ。定番は「ファンタジーな未来が到来する……」だ。好きな単語？は、「夢」、「宇宙」、「人類」、「平和」、「愛」……。

新商品の説明？そんな野暮な話など教祖（いや、失礼。代表）が初めからするわけなどない。むしろ逆で、代表スピーチ内の「ファンタジー度合」は規格外であればあるほど信者（マーケット）は熱狂し、当然新商品はブレークし、同時に「株価」も上がる……つまりファンタジーなスピーチこそが、実は最も企業や自社商品を効率的に宣伝する方法であることを彼らは皆熟知しているのだ……。

このように（繰り返しになるが）、海外では投資家が本気で探しているのは過去に誰かが敷いたレール（マーケット）の上で似たような成功をしているような既存の上場企業ではなく、「この今まで見たことがない型破りな男に投資すれば本当に革命が起こるかもしれない……」と思わせるような、そんなまだ無名の「ベンチャー社長」の方なのだ。

(6)　赤字会社？でも海外では８７４８億円調達！……のヤバすぎるカラクリ（要因⑥）

日本でのＩＰＯは最低３年？海外は「８ヶ月」ですが何か？

ＩＰＯまでの準備期間は日本ではもっとも（審査基準の）緩い東証マザーズでも3年となっている。が、海外（例えば香港）の常識は一定の条件を満たしていれば8ヶ月だ。

結果として、日本ではＩＰＯを目指してる会社側も（その会社に投資した）ＶＣ側もある「大きな不安……」を抱えることとなる……ことはあまり知られていないようだ。大きな不安？ はい。なぜなら3年も4年もしたら「世の中は変わる」からだ。

通常「マザーズに上場させせよう」といった会社は、何かしらの「専門技術」に特化しているケースが多いのだが、それは「今」のその会社（の技術）ならばＩＰＯ成功するだろう……という評価に他ならない。よって彼らはすぐにでもＩＰＯして資金が欲しいと考える。なぜなら「今」なら世界で勝てる……と思っているからだ。これは投資家サイドも同じで「今」上場できたら間違いなく大型案件になるだろう……という心理状態に陥る。つまり同じ（不安を共有する）境遇なのだ。3年後には（自社の専門技術は）陳腐化してしまっているかもしれない……そうなると3年間の準備期間の最中に業績は右肩下がりになるかもしれない……そうなると最悪上場できない（認可されない）かもしれない……と。

第4章　海外上場（による資金調達）に挑戦！した日本企業……衝撃のリアル結末

大きな資金調達（の成功）とその（調達を成功させた）企業の持つ技術や専門性の高さ。は必ずしも比例しない。また、大きな投資が可能なのは、そもそも大口の投資家に限られる。そしてそんな大口投資家は、自国のトライアングル（前章で解説した①②③の互助システム）内から出ることはない（出る必要がない）……という趣旨のコメントをしてきた。

それではもし「日本のベンチャー企業」がそんな海外（前述の「トライアングル化」している証券取引所）でＩＰＯ（による資金調達）の挑戦したらどうなるか？例えば本当に大口投資家に会えるのか？ウーバーやテスラと同じ現象は起こるものなのか？……ということで本章では、その辺り実際にあった過去の日本の（ベンチャー企業による海外での上場化）事例を二社ほど私なりの解説をしてみたい。

(1) 海外上場に挑戦！した日本企業……その衝撃の結末

ケース① 「A」社の結果

まず第一にこの「A」社なのだが……先にお詫びしなくてはならないようなのだ。なぜなら、この会社あまり専門「技術」とか、（フィン）「テック」云々……という感じではないように見える……からだ。よって、（前述の）ウーバーやテスラ社との比較？……という観点ではあまり参考にならないかもしれない。と。それでは今回の日本のベンチャー企業としては珍しく海外上場を見事に成功させたこの「A」社、一体どんな「エッジ」の企業だったのか？……答えは……「屋台」（ラーメン）だ。オリジナルは熊本のラーメン屋台（のちに店舗でのラーメン屋さんとなった……）だ。

と、のっけから意外（拍子抜け？）かもしれない……が、またいつもの質問をしてみたい。この「A」社に例えば日本の「メガバンク」は当時融資したいと考えただろうか？あるいはマザーズ「上場」はできそうか？これから世界一？になる匂いをあなたは感じるであろうか？……。

結果から先に申し上げると、（執筆している本日現在）のこの「A」社の業績は、

■店舗数…………８４０　「ラーメン」という形態での店舗数世界１位
■資金調達………２００９年　海外（香港金融市場）で上場成功
■売り上げ推移……２６５億円（２０１０年）、３９０億円（２０１７年）
■主要マーケット…海外（主にアジア各国の主要都市）で展開、店舗比率は海外の方が圧倒的に大きい
■マーケティング（出店）戦略……中国、台湾、香港、マカオなどの空港内、（海外）各国の主要鉄道ターミナル駅なか、大型ショッピングモール、フェリーポート内等々……。

「A」社の名前?……
「味千拉麺」（あじせんラーメン）と申します。

ケース②　製造業「H」社の結果

あまりにおかしい……何かのミスとしか思えない……なぜラーメン屋が上場⁇できて、しかも店舗数８４０⁉でダントツ世界一？？？……そもそもそんなラーメン屋日本では聞いたことがない……（その理由は後述するが）。

それではもう一社ご案内したい。今回ご案内する「H」社だが、以前日本のジャスダック

市場に上場していたほどの実力で、業績も良好だった。が、結論的にいうと、２００５年に負債額３０５億円で経営破綻しジャスダックからも（上場）取り消し処分となってしまった。よって、今回もそういう意味では、日本の最先端技術？とかトップニッチ系？……とは言い難いかもしれない……が一応、同じ質問をしてみたい。この状態での「Ｈ」社、果たしてどこか銀行は融資しただろうか？あるいはこのような負債を抱えたまま再上場という道は？……。

（その後の）「Ｈ」社の道のりは以下の通りだ。

■２００５年　経営破綻（ここまでは前述の通り）
■２０１２年　海外（香港）で資金調達……66億円（当時の円換算）
■２０１６年　海外（香港）で上場成功。資金調達……更に１９０億円（当時の円換算）

……と、こちらも（日本でなく）海外（後述するようにアジア全域）でなんと快進撃の真っ最中だったのだ……。

会社名？
「ＨＯＮＭＡ　ＧＯＬＦ」（本間ゴルフ）と申します。
■主要マーケット……海外（主にアジア）で展開

■マーケティング戦略……海外売上が国内を超えている。また「アジア出身」プロゴルファーとのスポンサー契約が多いのが特徴で、中でも「イ・ボミ」選手は日本でも大変な人気で「ＨＯＮＭＡ」復活を強く印象付ける結果となった。またあまり知られていないが、安倍首相（当時）はトランプ大統領の就任祝いにある贈り物をしているのだが、それは「ホンマ製」の（当時の）「最新鋭ドライバー」だった。

(2)　不可解なこと……

日本の中小（ベンチャー）企業の多くは「きらりと光る」エッジを持っている……が、問題はそれを「お金に変える」（つまり第三者から資金を調達する）ことを大の苦手としている。一方で、きらりと光るエッジを持っている？ふうには（失礼ながら）日本では当時あまり思われていなかった……ような破綻企業や（屋台）ラーメン屋さんは、海外でなんと巨額のＩＰＯ資金を調達していたのだった……。

これで明らかになったことは海外投資家（ＶＣ）は（日本という）彼らからすると外国の企業にも巨額投資していたことが判明した……これで問題はすべて解決されたわけだ。日本の会社でも海外に出れば資金調達できる可能性があるということだ。

「めでたしめでたし……」と、本来ならそうなるべきなのだろう……が、何とも「奇妙」に思えてしまうのは私だけだろうか？今まで解説してきたウーバーやテスラ社のケースと今回（例で挙げた2社）のケース……結果は（巨額資金調達の成功という点では）同じに見えるのだが、何かが違う……。

そう。両社とも（海外での）上場だけでなくその後、更に「経営」も日本から「アジア」へ……と大転換しているのだ。

この日本人離れ？した動きは一体何なんだ？……例えば、（社長さんご自身の）言葉の壁は言うに及ばず、（不慣れなはずの海外での）経営、マーケティング、マネージメント、会計……はたまた異国での交渉事や一等地ばかりの空室テナント情報の入手、実際のリーシング、諸々の許認可申請や取得、スタッフ採用あるいは解雇等々……あまりにも八面六臂？すぎる動き……絶対に何かおかしい……と。

(3)「その答え」のリアル

結論的にいうと「彼らのケース」では、海外（香港）でのＩＰＯ「後」に、プラスアルファで、あるサポート（オプション）が付加されている……。そして（そんな強大な）あるサポートがその後の彼らのアジア展開をも成功させてしまった（それどころか日本の業績を上廻ってしまった……）と簡単に言うとそんな経緯になっているのだった。

「海外展開成功の鍵は現地パートナーの力量がすべて」。これが海外コンサル20年の（自分が感じる）結論だ。日本の中小やベンチャー企業の多くは資金調達がうまくない。が、その理由は、保有技術や専門性が低いからではない。前述したように、そんな技術を「高く評価してくれる」そして「より資金を持つ」海外の投資家に巡り会えなかったからにすぎない。という主旨のコメントや解説をしてきたわけだが、「経営」という観点でもその原理原則は変わらない。つまり日本の企業の多くは、海外での（子会社）経営などがうまくいかない？理由は、恐らく（その当時）力のある海外現地での「経営パートナー」と組めなかったから（前述の二社は組めた。よってその後成功した……）ではないか？と経験上そう思うのだ。

それではなぜ（組むことが）できなかったのか？……恐らくその理由も単純に「巡り会う方法」を知らなかったから……かと。私は海外（香港）の大手投資銀行やＶＣ、プライベート・エクイティ・ファンドの代表と２００回以上の交渉をしてきた経験があるとコメントしたが、実はその交渉の多くにある方も同席している。なぜならそんなある方は、人脈、企画力、行動力、マンパワー……等々を兼ね備えた「現地での上場会社」（つまり現地の「経営」のプロ）であり、（日本の企業が）現地での（経営面においての）成功に必要とされる（おおよそ私が見る限り）全ての「力」を保有しているからだ。

例えばＩＰＯは資金調達の一つの手段なわけなのだが、成功させるコツは（投資家側に）「この株価低すぎないか？……」と思ってもらうことだ。それにより、より多くの投資家が集まる。よって我々のミッションはクライアントであるＩＰＯさせる日本の企業の「中身」をできる限りＩＰＯ前に「グレードアップ」させることなのだが、ここ（このタイミング）で登場するのがそのある方となるわけなのだ。

※因みに我々のチームの場合そんなある方は原則として現地（香港）の上場企業（の「代表」）となっている。

(4)「梁山泊」登場！のリアル

ここで私が「梁山泊」と勝手に命名（笑）している存在についてコメントしたい。ある方についてコメントしたが、一緒に仕事をする中で私は彼らのその物静かなスタンス、と思いきや一転して大胆な動き……がどことなく歴史小説の「水滸伝」に出てくる「梁山泊」に似ている?……ような気がした。それ以来（ＩＰＯなどで資金調達を希望する）日本のクライアントと自分の間での「隠語」として、敬意を込めて彼ら（前述のある方）を「梁山泊」と、そう呼ばせてもらっている。

詳細は後述するように、「梁山泊」という海外（彼らにとっての地元）経営のプロと組むことで、これから海外で上場しよう。と検討している日本企業の（マーケットからの）評価や価値は劇的に高まる。なぜなら大手上場企業である梁山泊が保有する（アジア中に張り巡らされた）「流通」や「販売」などの人脈やネットワークが使えることになる（よって海外での売り上げが飛躍的に高まる……）だろうからだ。

一方で、不思議に思えるかもしれない。彼ら（梁山泊）は自国（香港）では業界トップレベルの「上場」会社……こっちは（彼らから見れば）外国のちっぽけな未上場企業……お祭しの通り彼らに「パートナー」になってもらうのは容易なことではない。が、今までの（幾度となく彼らと交渉してきた）経験から、比較的スムーズに事を運べる（首尾よく事業パートナーになってもらえる）方法が一つあるのでご案内したい。

結論を先に申し上げるが、ＩＰＯ前に彼ら（梁山泊）に「一部オーナー（株主）」になってもらう……という一種の「バーターでの取引」をオファーする。という方法だ。ＩＰＯ前の大口投資家は「コーナーストーン投資家」と呼ばれているが、コーナーストーン投資家には、もしＩＰＯできなかったら？……というリスクが常にある。よって当然「格安」で株を買ってもらうのだが、一方でコーナーストーン投資家（つまりここでの梁山泊側）は彼ら自身の頑張り次第で彼らのその安価で買った持ち株（の価値）はＩＰＯ時に大化けする……ともなりうるわけだ。

■まとめ

突然だが「寿司屋」という商売についてあなたはどう思うか？

仮に「日本」で寿司屋を開業した場合大成功する可能性はどれほどあるだろうか？……日本で寿司屋は全く珍しくない。しかも競争も厳しい。よって後発組で出店したところで大成功などまず無理だ……恐らくそんな意見が主流ではないかと。

それでは寿司屋が一軒もない「海外」でオープンという展開ならどうか？……今でこそ海

外で寿司屋は珍しくないが、一昔前まではまだ少なく、実際にその多くが現地では予約が取れない店。の代表格だった。「海外で開業」というあまり人が行かない道……が、そこには予期せぬ地元サポーターが付くケースは今も昔も少なくない。

予期せぬサポーター？……次に起こりうるシナリオはこうだ。海外の地元投資家からすると、最近毎日行列ができている外国人オーナーのレストラン……しかも今まで見たこともない奇妙な料理……そんなレストランに興味を持たないはずもなく、何度も足を運び、やがて常連客になるにつれ、「大将！もう一軒出さないか？資金は全てこっちで負担するぞ……」となるわけだ。更にそんな二軒目も成功するとどうなるか？「フランチャイズ展開しないか？全てこちら負担で構わない。儲けは折半でどうだ？……」と。その後更に成功すると？……その通り！そろそろ「上場」しないか？今なら時価総額１０００億円は下らないぞ！と。いかがだろう？「寿司屋」というビジネスモデルを例に挙げたわけだが、やり方次第で日本（での経営）と「海外」とでは経営のプロである梁山泊（というサポーター）が付くことによってここまで大きく違う結果になりうるのだ。

日本と海外（それでは）どちらがいい（成功する）か？……簡単だ。もっとも高く（貴社を）評価してくれる投資家と経営サポーターいる方（Listen to the market.）それが当然のお答えかと。

第5章　海外での資金調達が成功してしまう理由教えます

日本でも海外でも投資家（銀行、ＶＣ、プライベート・エクイティー・ファンドなど）は決して同等ではない。序列がある。違いは資金の量だ。（資金量の）大きな投資家は自ずとリターンも大きくなり、大化けしそうな案件を引き受けることで結果的に（彼らに）大きな稼ぎをもたらしている。またそれは同時にＩＰＯする企業側の資金調達の額も大きくなる……ということを意味する。

更に資金量の大きな投資家は（後に紹介してくれるであろう）海外での経営パートナーである「梁山泊」のレベルも高い……。そうなると（企業側の）調達額は更に大きくなるだろう……という趣旨のコメントをしてきた。

この章ではそんな序列トップの投資家は実際には「どこ」にいるのか？またどうすれば彼らと契約できるのか？あるいは中央銀行が発行する紙幣（マネー）と投資家はどのように連動しているのか？……。

その辺り前述した「海外トライアングル」の実際の互助のメカニズム（やトライアングル

の内側）はどのような力学が働いているのか？……等々、（日本の中小やベンチャー企業に限らず）なぜ「海外トライアングル内」での資金調達の方が成功する可能性が高い（といえる）のか？……について友人のトライアングル内（香港）の投資銀行（現役の）幹部のご意見を交えて様々な角度から解説してみたい。

⑴ マネーの量も、「国」によって違う。のリアル

前述した通り「国」によってそれぞれ法律や商売のスタイルは違う。が、違うのはそれだけではない。更に「マネーの量」も違う。

お気付きかと思うが、世界的にも有名な序列上位の投資銀行は、例外なく「マネーの量が多い」ところで生業を立てている。なぜなら「マネー多い」＝「巨額資金調達」＝「巨額手数料」（これが前章で解説した「トライアングル」の関係）となるからに他ならない。

「マネーの量」とはそれぞれの国（の中央銀行）が発行した自国通貨の（流通）量という意味で、「流通量」の定義はいくつかあるが、現在米国をはじめ多くは「M２」という基準値を使用している。よって以下各国の「M２」を比較してみた。

■主要国「M２」ランキング　２０２０年１月現在

①中国……………………２９６０兆円

②米国……………………１５５３兆円
③日本……………………１２３６兆円
④ドイツ…………………３５０兆円
⑤イギリス………………３２３兆円
⑥フランス………………２５７兆円
⑦イタリア………………２０４兆円
⑧カナダ…………………１３７兆円

結果として２０２０年１月現在、３つの国（のマネー供給量）が世界でも突出しているのがわかる。つまり企業が資金調達を検討したい……という場合も、単純にこの3か国であればより大きな資金調達額になりうる候補先となるわけだ。

(2) マネーは余ると必ず「投資」に向かう。のリアル

個人でも企業でも「必要な資金」はさほど変わらない。例えば個人の場合、仮に収入が10倍にアップしたところでご飯の量も10倍？とはならない。企業も同じで、需要もないのに（例えば）工場を新設しよう……などとは考えない。

よって、大して市場（マーケット）からのニーズもないのにこのように政府マネーだけが

大量に供給されたとしても、一般的に企業は（その場合）内部留保するか配当（株主への）に回すか（それでも余ると）株や不動産などの投資に流れる。これは日本でも海外でも同じ現象となっている。

(3)「日本マネー」は日本の中小やベンチャーには向わない。のリアル

「海外」ではこれまで述べてきた通り（赤字）ベンチャー企業に時価総額でトヨタを上廻るほどの大きな投資が集まっているのだが、その本質的な理由はこれでお分かりの通りマネーの量が多い（そして供給過多で多くが投資に向かう）からだ。が、お気付きの通り日本（の供給量）もかなり多い……人口3倍近くのアメリカとさほど違わない?……つまり人口一人当たり換算でのマネーの量は「実は世界一」だったわけだ。

が、少々不可解ではなかろうか?……日本が世界一の金あまり?!……どこにそんな金が余ってるんだ?それではなぜ日本では、（前述のような）テスラやウーバーあるいは味千拉麺や（新生）HONMA GOLF……が生まれない（供給過多マネーはベンチャー会社に投資されない）のか?と。

この点は海外での常識と違うところなのだが、私が思うに答えは、日本「人」そのものは、日本の「企業」と違い、そもそもお金が余ったら（例えば所得が増えたら……）投資してもっと儲けよう……などとはあまり考えない。「リスクを取りたくない国民性」だから……と言っ

てしまえばそれまでなのだが、個人（投資家）の場合（その多くは）まずは、「貯金」となる。因みに日本の投資会社（投資ファンドやＶＣなど）の資金量が（前述の通り）海外のそれと比較して非常に小さい理由の一つがこれで、つまり日本ではファンド組成しようにも個人（投資家）からは資金が集まりにくい。

それでは日本の大口（機関）投資会社はどこに投資しているか？因みに機関投資家とは、具体的には「年金基金」や「保険会社」や「信託銀行」など（が代表的な例）になるのだが、彼ら（の投資スタイル）はあくまでも「預かり資産の運用」という概念が強く、つまり立場上溶かす（減らす）わけにはいかない……。よって、こちらもローリスク（の投資）先（つまりベンチャーではなく大企業）に流れる傾向が強い。

またご参考までに日本では中央銀行（日本銀行）自ら（国内）株式投資をしているのだが、このような行為（民間企業への直接投資……）は米国を含め多くの諸外国ではご法度とされているのだが、それではそんな日銀マネーは（著書のテーマである）中小やベンチャー企業の資金調達手段としても少しは機能しているか？……確認したところ以下の点が判明した。

●日銀は日本企業の株をここ数年、「年6兆円」ペースで購入している。今後（２０２０年以降）は「12兆円」ペースになると発表した。

●が、後述のようにここでも結果的にほとんどベンチャー企業（への投資）には流れずほぼ東証一部企業の株しか買ってない。

「日銀マネー自らの日本株購入」の実態

日銀は「日銀ＥＴＦ」というスタンスで（前記のように）年間6兆円規模で国内の株に投資しているのだが、ご参考までにその投資先（２０１９年）は以下の通りだ。

●ＴＯＰＩＸ銘柄…………つまりすべて一部上場企業

●日経２２５銘柄…………つまりすべて一部上場企業の（中で）更にそのうちの２２５社

●ＪＰＸ日経４５０銘柄……つまりすべて一部上場（例外としてマザーズ銘柄1社、ジャスダック銘柄４社）

ご周知の通り日銀は国家目標である「インフレ率2％」を達成するため、自国の株を自ら買収している（と公言している……）わけだが、結果的にこの国家マネーはベンチャーや中小（企業）どころかマザーズ、ジャスダック、東証二部（の上場企業）にもほとんど流れていないことが判明された。

要するに国民一人当たり換算で世界一の金余り……が証明されているにも関わらず、その日本の国内（バブル）マネーは、

①リスク取らない国民（性）の「個人」マネー

②リスク取れない（減らすわけにはいかない……）年金資金などを運用している「法人」（機関投資家）のマネー

③インフレ起こしたくて国内企業の株を自ら買っている（が結局ほぼ一部上場企業の株だけ購入している……）「日銀」マネー

と巨大な日本のバブルマネーはそれぞれがそれぞれの理由で、（前述の海外トライアングルのケースとは違い未上場の）国内中小やベンチャー企業投資には向かっていない。

■その辺り以下のようにより分かりやすく整理してみた（まとめ）。

①日本の国内バブルマネーどっちに向かうか？

■一部上場株（への投資）……（ポートフォリオの）大部分向かう

■マザーズ（など新興マーケット）株（への投資）……ほとんど向かわない

②その理由は？

■一部上場株……リスク低いから。インフレ率上がりそうだから。……等々

■その他のマザーズ（など新興マーケット）株……リスク高いから。インフレ率上がりそうもないから。……等々

③因みに「海外の投資家」はどちらに投資しているか？（因みに日本の株式市場の６割は海

外マネーによる投資）
■一部上場企業株……（ポートフォリオの）大部分こっち
■マザーズなど新興マーケット株……ほとんど興味ないし向かわない

④その理由は？
■一部上場株……リスク低い（流動性も高い）
■その他のマザーズなど新興（市場）株……リスク高い（あまり大化けしないし流動性も低い）

このように海外投資家も日本での投資先は大手中心になっている。要するに彼らは「ハイリスク&ハイリターン」投資は「海外」日本では「ローリスク&ローリターン投資」……というスタンスが強い。

※実際に日銀がこのように大手企業株を大量に買っており（いわば政府公認〈保証〉状態といえ）リスクファクター（海外投資家目線から見た場合の一部上場企業への投資リスク）は確かに低くなっている……と目されていることはある意味当然といえるだろう。

(4) それでも海外投資家は日本の中小やベンチャー企業に投資したがってる?! 理由のリアル

●「日本マネー」は、日本の中小やベンチャーに流れない……。
●「海外マネー」も、日本の中小やベンチャーに流れない……。

この点だけみると日本の中小企業やベンチャー企業（日本でも海外でも）は孤立無縁、四面楚歌……のように見えてしまうことだろう……。それではこんな状況下どうすれば海外マネーは日本のベンチャー企業に流れるか？再度（友人でもある）香港の投資銀行幹部に以下の点ついてヒアリングしてみることにした。

①投資マネーはどこに向かう傾向があると思うか？

■「日本」のマネー……日本の大手企業　なぜなら……リスク㊦　リターン㊦（ではあるが）
■「海外」のマネー……海外のベンチャー企業　なぜなら……リスク㊦　更にリターン㊥

※所感として

多くのケースで投資マネーは（地元の香港では）ベンチャー企業のＩＰＯ投資に向かう。その理由は、ＩＰＯ成就した場合、一気に大型株に化けるケースが少なくなく、よってこの場合の投資銀行側が受け取るコミッション（グロススプレッド）も大きくなる……よってどんどこの「大型株化」は加速されていくだろう……とのことだ。が私は（後述するように）海外ではＩＰＯ投資は「リスクも低い」と地元海外の投資家は考えているフシがある……と感じている。

②日本のベンチャーや中小企業に投資したいと思うか？

■「日本」の投資家……あまりしたくない

■「海外」の投資家……非常にしたい

※所感として

前述の「味千拉麺」や「本間ゴルフ」……海外（香港）の投資銀行やＶＣに「彼ら」の成功事例を知らない人はいない。また（後述の通り）彼らはこのような新規ＩＰＯを検討している日本のベンチャー会社の、香港上場主幹事の機会を望んでいる。理由は大きな案件にできる自信がある（よって彼ら自身のコミッションも大きくなる）からだ。

③なぜ日本の「中小」や「ベンチャー企業」に投資したい？またはしたくないと思うのか？

■「日本」の投資家……投資したいと思わない。なぜならリスクは高いがリターンが低い……と思うから。

■「海外」の投資家……投資したい。なぜならリスクは低いがリターン高い……と思うから。

※所感として

本来投資にはリスクが伴う。大きなリターンになるとリスクも大きい。実際ほとんどのケースでそうなっている。が、海外の投資家（銀行やＶＣ）と一緒に仕事してみると、ハイリスクハイリターン？どこが？……と、感じるケースが稀にある。

例えば投資銀行にとってＩＰＯ（の引き受け業務）は「ハイリターン」（収益を生む業務）の代名詞となっている。ところが、（意外かもしれないが）そんなＩＰＯ引き受け案件はしばしば「ローリスク」？のようにも私には思えるのだ……。

誤解を恐れずに申し上げるならば、客観的に見て、ＩＰＯ引き受けの実務は確かに多大な作業になるのは間違いない。また確かに不備や間違いも許されない……が、そんなのは他のビジネスでも同じだろう。例えばもし仮に上場失敗（不認可）したら？……というリスクは（確かに）あるだろう。が、ＩＰＯの法令やガイドラインは証券取引所が明確化しているし、そもそも彼ら（投資銀行やＶＣ）は名門大学ＭＢＡやロースクール卒の集団で、法令などそれこそ暗記しているに等しく、且つＩＰＯ業務を何度も（何十年にもわたって）数多の業界や業種で行なっていきているのだ……。

またご参考までに通常、主幹事（証券会社）は、ＩＰＯする会社の株を事前に買い取り（ＩＰＯ時に）第三者の投資家に販売（これを「引き受け」という）する座組みなのだが、ここは日本のシステムと違うかもしれないが、その場合でも前述のように買取りはせず「販売代理店」として動く……というケースは海外では少なくない。そう考えた場合仕事量は確かに非常に多い。が、上場資料の作成自体はハイリスクか？というと、申し訳ないがそうは思えない……もし本当にハイリスクなら初めから引き受けそのものを辞退すればいいだけのことでは？となってしまうのだ。

④それではなぜ「マザーズ」上場予定の日本企業に投資しない？

■「日本」の投資家……ベンチャー企業投資はリスク高いから。

■「海外」の投資家……日本でＩＰＯ成功させても調達資金は海外と比較してあまりに少ない。よって（主幹事含めて）投資家側も手数料稼げない……から。

※所感として

　これでお分かりの通り、彼ら（海外の投資家）が「トライアングル」から出ない（出る必要がない）本質的理由がこれだ。

⑤それでは仮に、海外の投資家やＶＣから上場前に大口の出資を受けて（つまり資金調達を

経て）「海外」でなく日本の「マザーズ」などに大型上場（それにより大きな資金の調達化を）したい……という場合だったらどうなるか？

■「日本」の投資家……同じ答え。あまり投資したいと思わない。なぜならそれでも大手（への投資）と比較するとリスクが高いから。

■「海外」の投資家……同じ答えだ。日本で上場する以上仮に大型ＩＰＯとなったとしても、それでもほとんどのケースで海外の大型（案件）と比べると小さい。よって手数料が低すぎる……となってしまうことだろう。また日本（での上場）は当然「梁山泊」サポートも付かない……。そうなると更にシナジー効果もなく魅力もなくなる。

※所感として

海外投資家は日本の中小企業やベンチャー企業に投資したいしＩＰＯを主幹事会社になることで成就させたい……とも思っている。が、稼げない（つまり彼らにとって手数料が低い）日本国内（での投資）という座組みはＮＧで、彼らの地元（トップトライアングル）での上場なら「今すぐにでも会いたい」……というスタンスなのがはっきり窺える。

⑥なるほど。日本では「稼げない」という見解はよくわかった。が、因みにあなた（御行）のいう（地元海外での上場スキームならば）「稼げる」とはどの位（の手数料額）を指すのか？

■日本の投資家……2800万円です。
（マザーズでのＩＰＯのケース……公募調達額4億円×7％（グロススプレッドレート）＝2800万円）
※3年で上場できたと仮定した場合の「月収」は77・7万円。
■海外の投資家……612億円だ。
（ウーバー社の米国ナスダックでのＩＰＯのケース……8748億円×7％（グロススプレッドレート）＝612億円）
※3年で上場できたと仮定して「月収」は17億円

⑦それでは日本の中小やベンチャー企業がもし海外でＩＰＯする場合、現地の海外市場ではどう評価されると思うか？

■「日本」の投資家……仮に海外でＩＰＯできたしても、無名の日本企業が自国より資金調達額が大きくなるとは到底思えない。実際そんな成功話（海外で大型ＩＰＯになった……といった話）もほとんど聞かない。
■海外の投資家……日本の企業に限らず海外でＩＰＯする場合条件次第で「赤字」でもいける。日本のマザーズも規約上では赤字でも申請はできることになっているようだ。が、問題は赤字企業の上場を積極的に引き受けたい。というスタンスの証券会社が日本にはあまりないようだ。

また仮に赤字上場できたにしても、今度は赤字の会社？というだけで日本（の市場）では要するに成功してない会社。あるいはどこか問題のある会社に違いない……と訝って見られてしまい一般投資家の多くは敬遠するようだ。なぜそう捉えるのか自分にはわからないが恐らくこれは文化の差だと思う。

海外でＩＰＯの場合の評価だが、無論（会社の）中身次第ではあるが、もしプロの地元フィクサー兼上場企業経営者（梁山泊のこと）とのタイアップが可能になれば、恐らく最初の調達額は30〜２００億円の間になるだろう。待ち時間も目論見書提出後、最短８ヶ月で認可される。その場合、ＩＰＯ時（上場初日）の時価総額は恐らく２００億〜８００億円の間になるだろう。

※所感として
「バフェット銘柄」という言葉がある。投資の神様「ウォーレン・バフェット氏」が投資している銘柄のことで、多くの投資家は実際にバフェットと同じ銘柄に投資している。

海外ＩＰＯの際まず最初にお世話になる海外投資家（その後の主幹事証券会社になるケースが多いＶＣや投資銀行）のＩＰＯ戦略（日本の無名ベンチャー会社をＩＰＯ時いかにして大化けさせるか？……という戦略）はこの「バフェット銘柄」に投資していれば間違いないだろう……と考える一般投資家の発想と似ている。例えば、日本のベンチャー企業など、確かに海外の投資銀行の間では誰も知らないことだろう……。が、ＩＰＯ前の大口投資引受会社への投資説明会（「ロードショー」と呼ばれている）にて配布された資料をパラパラ……ふと「株主名簿」欄をみたところ……なんと……「ウォーレン・バフェット」?!……

たったこれでだけで十分（投資に値する）魅力的な会社に違いない……と証明できてしまうのだ。つまり日本という「外国」の会社……というハンディは軽減され、それどころか一転して投資の神バフェット（我々のチームの場合、それが業界トップレベルの「梁山泊」となるのだが……〈笑〉）が認めた「成長間違いない」IPO予定会社。となってしまうわけなのだ。

このように、IPO成功の秘訣?は「会社の中身」が重要なのだが、その中身にも二種類あり、一つ目は（当然ながら）会社が保有している「技術」や「専門性」あるいは熟練工がたくさんいる……というライバル企業に勝り今後も大きな成長や売上げが期待できそう……といえるような「経営面」（での戦略的な優位性として）の中身。そしてもう一つは、今回案内したような「バフェット」のような大御所（つまり今回のケースに例えると「梁山泊」という地元海外でIPOする日本の企業と同業の上場企業）が（一部既に）その発行会社のオーナーシップを持っている……という一般の投資家がほとんど問答無用で安心して投資したがるような「資本面」での中身となる。

⑧座組みの違いについては一応わかった。が、それでも前記の数字（日本の中小やベンチャー企業が海外で上場する場合の海外での評価額）はあまりにも日本の常識と異なるのだ

が……何か合理的根拠はあるのか？

■ＩＰＯ成功させたベンチャー企業の数とその後の企業価値（２０１９年時点）
●香港証券市場（バイオチャプター）……時価総額　計約２兆円（トータル７社上場済）
（１社平均の時価総額……２８５７億円　調達額の平均は２４１・28億円）

※所感として
２０１８年香港証券取引所は新たにバイオ関連（研究開発及びバイオ機器製造など）の企業を対象に、「赤字収支でも（他の条件をクリアーしていれば）上場を認可する」と公式発表した。結果としてその後ニューヨーク証券取引所を抜き、世界でもっとも（新興企業にとって）ＩＰＯにて資金調達額が大きい金融市場となった。

⑨う～む……いまだにこの数字が信じられないのだが……バイオ関連のような（最近の特殊な）事例ではなく例えば、ソフトバンク、楽天、メルカリ……といったもっと一般的で設立10年～20年位の（大手のオンライン系）企業の（時価総額）比較ではどうなるか？

■「日本」の主なテック企業と時価総額（執筆時現在）
①ソフトバンク……………………５・５兆円
②楽天………………………………１・64兆円

③メルカリ……………………０・74兆円

■「海外」の主なテック企業と時価総額（執筆時現在）
①アリババ集団…………………75・11兆円
②テンセントホールディングス……65・20兆円
③百度…………………………４・０兆円

※所感として
「海外の金融市場（の序列）」はこれにより（執筆時現在）、
１位……米国（上場企業数＆時価総額・世界１位）
２位……香港（ＩＰＯ資金調達額・世界１位）
つまり企業にとって大きな資金調達は、このどちらかであればより実現化する可能性が高いことが証明された。
尚、ベンチャーや中小企業には国内マネーも海外からのマネーも残念ながらほとんど向かない……（よって企業側にとっては資金調達も小さい）と、そのような特殊性から「日本」（の証券市場）は（マネーの供給量は大きいものの）外した。

■まとめ
このように各国のマネーの供給量と（より大きな資金調達を求める）ベンチャー企業群の集まり具合は原則比例する。例えば、テスラ社は（前述のように）アメリカで資金調達成功させたわけなのだが、創設者のイーロン・マスク氏は生まれも育ちもアメリカではない……。またグーグル共同創業者の一人であるセルゲイ・ブリン氏（米国生まれではない）が取った行動はテラス社のそれと同じだ。

「マネーの量」は国家が好き勝手に決めている……彼ら（前述のブリン氏やマスク氏など新進気鋭のベンチャー起業家）はその時どう考えたか？……世界中の投資家に（資金獲得）プレゼンしてきているが、いつしか、おや⁇……と奇妙な現象？に気づき始めた。やるべきこと（プレゼン）はいつも同じだが、国によってオファーしてくる（評価）額が全然違うぞ？……と。

　噂は噂を呼ぶ……。海外投資家も海外のベンチャー企業もそうなれば更に自国より魅力のあるそんなおいしい金融マーケットに集まってくる……すると今度は、そんな序列トップの市場（のトライアングル）の中でも更に（誘致）競争が始まる……。つまり「大型」ＩＰＯ案件になりそうな匂いの顧客の「争奪戦」となるわけだ。

　争奪戦？……この辺りの商習慣は日本と大きく異なる点かと思うのだが、これは（新規での上場予定）企業側からすると「ＶＩＰサービス」のオファー（提供）を意味する。繰り返しになるが大型ＩＰＯになればなるほど、証券会社側の手数料も増えるわけで、（よって前述したトップ２のトライアングル内では長年調達資金の額がバブル化しており）一転して企業側の「売り手」市場になってしまっている……のだ。（因みに）その「ＶＩＰサービス」の中でも（私の知っている限りでの）筆頭格が「梁山泊（による海外での代理経営）パッケージ」の提案であり、日本に限らず多くの海外からの企業が上場後（このサービスで）更に大成功を遂げていることは前述した通りだ。

第６章　海外の投資銀行が「今すぐでも投資したい」日本の中小（やベンチャー）企業のスペックとは？のリアル

海外の投資家（投資銀行やＶＣ）へのプレゼンが成功し、首尾よく（資金面で）タイアップできることで、資金調達だけでなく、梁山泊（タイアップ先の投資銀行から紹介される現地での同業種の上場企業）による海外での代理販売という「ＶＩＰサービス」が付く可能性もある……という主旨の解説をしてきた。

そんなフィクサーであり上場事業会社でもある梁山泊の多くは、地元の大手投資銀行、ＶＣ、プライベート・エクイティ・ファンドなどと歩調を共にしている……。なぜなら彼らはこのように（大手の投資銀行主導型による）・「大きな資金」による「大きなプロジェクト」に参画することによってよりリスクを軽減でき、「且つ大きなリターン」が期待できる……と考えるからだ。

つまり梁山泊の長年の資本パートナーである大手投資銀行。その大手投資銀行から直々の（日本企業の）ＩＰＯプロジェクトチーム加入のお誘い……。私が今まで見てきた中で（海外ＩＰＯなどによる大口資金調達を望む）日本企業にとって最もスムーズに（実績のある海外経営のプロである）梁山泊と手を組める方法（進め方）がこれだ。

■実は梁山泊こそがキーマンだった……のリアル

前述の通り、梁山泊の「担当」は海外マーケットでの事業展開だ。つまり「経営」で実際に大きな儲けを出してもらう。ということなのだが、これは日本企業にＩＰＯ投資する（予定の）投資銀行や引き受け業務する側からすると、それ（より遂行能力の高い梁山泊を紹介すること）により投資資金の回収の心配はなくなる……と考えるようになることを意味する。

つまりいくら海外のトライアングルが大きくても……いくら投資銀行の資金が豊富でも……肝心の日本の会社の海外での市場認知度（や実績）が低ければ、ＩＰＯしたところで投資家は集まりにくい……違う言い方をするならば、ＩＰＯしたはいいものの、さほど売り上げは伸びず……よって株価も上がらず……と、結局「尻切れトンボ」で終わってしまうかもしれないのだ。このように市場から放置されてしまうケースは決して珍しくないのだ。ということで（チーム内で）この問題を解決する「担当」が（地元で既に上場し、投資銀行からの信頼も厚い）「梁山泊」となるわけだ。

業界用語で「クロスオーバー投資家」と呼ばれている投資家がいる。ベンチャー企業に投資する投資家（ＶＣ）の最大の目的は、投資した会社をＩＰＯさせることだ。なぜなら、それにより利益（ストップオプションの行使）を得ることができるからだ。つまりこの場合、投資家にとっては、ＩＰＯ（そのもの）が彼らにとってのゴールであり、よって（原則として）投資家（ＶＣ）はそのゴールの時点で持ち株を売却し、利益を上げ、出資者に還元し、そして次の案件に移る……となる。

「クロスオーバー投資家」とは、この時点（ＩＰＯの時点）でも持ち株を売らない投資家という意味なのだが、日本のベンチャー企業が米国などと比較して（ＩＰＯ時以降に）大きく化けない（成長しきれない）原因の一つがこのクロスオーバー投資家が日本には少ないからと私には思えてならない。

（私が知る限り）日本には（投資家を兼ねた）「梁山泊」という海外（地元）マーケットでの販売会社を主幹事（になる予定の）投資銀行が自ら紹介し、その後「合弁」の会社をＩＰＯする。という概念はほとんどない。が、これは日本に限った話でもないようだ。例えば、シンガポールは誰もが知るアジア有数の金融マーケットだ。そしてこれは、私の香港のパートナー弁護士からの情報なのだが、２０１０年から２０１９年にシンガポール証券取引所では約60社が上場「廃止」（または廃止見込み含む）となったようだ。

※因みに２０１９年の新規ＩＰＯ数は、香港１６１、シンガポール11となっている。

ＩＰＯの法整備や税法、税率など香港とよく似ているシンガポールでなぜこんな上場廃止や過疎化現象?が起こっているのか?……一つはいうまでもなくトライアングルのサイズそのものの差。つまり（企業側からすると）調達できる資金の差だ。例えば２０１９年ベースで、香港での新規ＩＰＯの資金調達の平均額は、シンガポールの約4倍となっている。が、私はそれだけが理由ではないように思っている。恐らく、シンガポールには「梁山泊」というシステムがない。もしくは、あるにしてもビッグ２（米国と香港）ほどガンガン機能してないからではないか？……と経験上そう思うのだ。

ＩＰＯを目指す企業であれば、日本でも海外の企業でも保有技術や専門性など低いわけがない。つまり自信があるからこそＩＰＯしたい。そして当然ＩＰＯは成功する……。と経営者側は皆そう思っているわけなのだが、これでお分かりの通り、それはあくまでも（ＩＰＯを目指す発行）会社側の勝手な思いや所感であり、市場からの評価は必ずしも同じではない。むしろ全く無名な会社（しかも外国会社）に投資することは通常ないだろう……と考える方が自然だと思うのだ。

■梁山泊　＝（ＩＰＯする企業の）「成長」請負人。というリアル

梁山泊の担当は経営（海外マーケットでの販売）だ。が、前述の「クロスオーバー投資家」としても機能してくれる。なぜなら、私の今までの交渉経験から梁山泊自らも（日本のＩＰＯを目指す発行会社に一部）投資することで「資本」でのパートオーナーつまり（大口）株主兼務となるからだ。

この「三者」の関係を分かりやすく別のイメージで例えるならば、

①「梁山泊」……海外トライアングル内の（地元の超有名な）ミシュランレストランの（自

らも一部出資している）「オーナーシェフ」
②「投資銀行（やＶＣ）」……そのレストランのメイン出資者（つまり実質のオーナー）
③「日本の会社」……見たこともない海外からの珍しい「料理素材」（の提供者）
とそれぞれこのような立ち位置になる。

またこの場合、
③は私のアテンドで、最初のプレゼンを②に行なった。そして②と①は長年資本提携している投資銀行とそのクライアントという信頼関係を持つ盟友関係で①は②のサポートによりすでに上場済。が、この時点で③と①はまだお互い面識はない……とざっと、こんなイメージだ。

日本企業の素材は一流ではあるものの、かなり特殊？な（素材の）ためか？あるいは地元日本のマーケットが小さすぎるため？もしくは（それら）両方が原因なのか、残念ながら業績は横ばいになっている……。

今まで自己資金と借入れでそれなりに成長してきたつもりだ……が、今後国内マーケットが成長しない限り、これ以上企業としての成長（売上の増加）も難しい……最近そう考えるようになった。

更なる銀行融資？あるいは日本でＩＰＯによる資金調達？……いろいろ検討してはみたが、それらが根本的な解決方法とは思えない……なぜなら日本という池（マーケット）にどんどん魚がいなくなっているのに、いくら資金調達（及びその後の設備投資）できたところで、池の中の魚（の量）が減ってきている以上釣れる魚の「量」は変わらない（か逆に少なくなる……）ではないか？……と思うのだ。

そこで知ったのが海外でのＩＰＯ（という考え方）だ。なぜ海外ＩＰＯか？資金調達が大きいからか？もちろんそれも大きい……。が、それでは日本という池のサイズが変わらない以上、結局先ほどと同じ結論になってしまう。海外上場を進めたい理由は、資金調達も勿論そうだが「梁山泊」（による海外代理販売サポート）というシステムの存在が大きいからだ。（自社）商品には自信がある。よってマーケットさえ大きければ、売上げをもっと伸ばせる自信がある……と。これが日本のクライアントの実際の「梁山泊評」となっている。

■投資銀行と梁山泊は「親と子」の関係だった……?!のリアル

ご周知の通り、大手の投資銀行は大手であればあるほど数多の上場及びベンチャー企業に投資しているのだが、大手投資銀行にとって（自分が経験したほとんどのケースにおいて）梁山泊とは彼らの（現在または過去においての）投資先（ポートフォリオ）の一社。となっている（だからこそ彼ら同士間での「信用」が担保となることで見知らぬ日本企業とのマッチングであるにもかかわらず……成功する。といえる）。

例えば投資銀行は（私たちが持ち込む）プロジェクトごとに、彼らの投資先企業の中からベストな梁山泊候補を選ぶわけだが、先程の例に当てはめるとすると、「超高級珍味を扱う日本の企業」の業績を更に海外マーケットで最大化できる能力を持つパートナー選定の結果が、（投資銀行）自らも大口投資し大きく成長（ＩＰＯ含めて）している「地元のミシュランレストラン」（のオーナー会社）だった……となるわけだ。

これにより、投資銀行側は「ミシュランレストラン」と「日本の企業」の双方のクライアントはより一層成長（成功）し、結果的により安全に資金回収できるだろう……と考える。一方で梁山泊（ミシュランレストラン）側もタイアップすることにより、より大きな収益化につながると考え、日本の（発行）会社側もこの「バフェット銘柄戦略」の効果により、ＩＰＯはより高いレベルで成功し、結果としてより大きな資金調達化……（が実現できるよう）になる。


海外トライアングルになぜ多くのベンチャー企業が集まるか？なぜ大きな資金調達になっているか？これでもうお分かりの通りこの「プロジェクトチーム」（という組織）で成功させる。という考え方がビッグ２トライアングルの内部にはあるからなのだ。

投資銀行と梁山泊の関係は、投資銀行（親会社）が出資している梁山泊（つまり子会社）とイメージすればより分かりやすいかもしれない。もちろん持ち株比率によっては子会社という表現は使えないが、その場合でも投資銀行が大口出資者であることに変わりはなく（梁山泊）会社の意思決定に大きな権限を持っている。つまり、投資銀行からの「（日本企業の）ＩＰＯプロジェクトチーム加入」の打診は、単なる気の合う仲間同士のお誘い？といったニュアンスでは必ずしもなく親会社から子会社への「要請」（という意味合い）だったわけなのだ。

■海外トライアングル内で無双する歩き方。のリアル

海外トライアングルの優位性について、様々な数値等で解説してきた。が、実際はこのようにその「内部」も日本とは大きく異なるカルチャー（商習慣）になっていたのだった……。

さて、そんな天下無双？とも思える海外のトップトライアングルだが今「ある異変」が起こっている……（ように私には視える）。そしてその「異変」は巡り巡って意外にも日本、しかも中小企業やベンチャー企業にとてつもない特需を与え始めている……。ということでこの章では、どんな「異変」なのか？とてつもない特需？とは一体どんな特需なのか？そもそもなぜ特需となるのか？……ここから先は少々マニアックな内容かもしれないが、更に深く（海外トライアングルの）内側で今起こっている「異変」について実体験をベースに解説してみたいと思う。それにより、なぜ（日本国内より）海外での資金調達の方が成功してしまうのか？……を読み解くことができることだろう。

(1) なぜ海外での資金調達が成功してしまうのか？異変　その①

「海外にはもう魅力的な投資先が残ってない」?!……のリアル

今、世界中の中央銀行は巨大（政府）マネーの供給をしている。そしてこのマネー供給が過剰になるとご周知の通り「バブル化」する。本来株価が上がる理由は「業績がいい」からだ。が、昨今のように過度にマネーが市場に出回ると「そうではない（業績がよくない）」会社にも投資（理由は後述するように）されるようになる。結果として、そんな「そうではない（業績が良くない）」会社の多くは、その（投資された）資金で自らも投資活動を始めるようになる。なぜなら（彼らからすると）、不調の本業より投資する方が儲かるだろう……と考えるからだ。が、ご周知の通り彼らの多くはバブル崩壊と同時に露と消えてしまう……のだが、これは（融資や投資する）銀行側とて例外ではない。むしろ「露と消える」順番はどこの国でも彼ら（投資）銀行が最初のようだ。よってこのようなバブル時はドミノ破綻を回避するためにも彼ら（投資）銀行としては、より「加熱してない」（バブルの影響を受けていない）会社に投資や融資したい……と考えるようになる。

因みに「加熱しやすい」会社は、前述の通り大して利益を出していない、あるいは全く出していない。が、株価は理由もなく上がっている……と、そんな「虚業」などと呼ばれている業種の企業に多い。一方、「虚業」の反対は「実業」で、その代表格は「製造業」だ。（因みに２０１９年の時点で、日本の一部上場企業の51％は製造業となっている）

実業はあまりバブルに影響されない。なぜなら製造しているモノ（商品）の原価、コスト、販売量、在庫量……などは可視化でき、数値化できるからだ。つまり適正な企業価値の判断も概ねできるわけだ。

昨今、世界的に金融市場の牽引役は「（フィン）テック」や「ニューエコノミー」……と呼ばれている業界や業種に属する企業に多いのだが、彼らの特徴は「モノ」をほとんど、あるいは一切造っていない。つまり投資家側もどこまで投資していいのか前述の企業スペックを数値化できないため、結局わからない……という現状になってしまっているのだ。が、投資銀行やVC、あるいはファンドマネージャー……など、第三者からの資金を預かって運用している「プロ」は、それでも傍観するわけにもいかない。なぜなら傍観とは、時間の経過＝利回りダウン＝無能＝退場……（という利回り至上主義のジレンマについて）は前述した通りだ。

無論そんなことはお構いなしに国家マネーは今もどんどん（世界中で）供給されている……プロ投資家は「今のところ」は結果を出している……。が、彼らに笑顔はない。なぜならマトモ（decent）な投資先はもうほとんど残ってない……ということを一番知っているのは彼ら自身だからだ。

(2) なぜ海外での資金調達が成功してしまうのか？・異変　その②

■「ベンチャー企業が育たない日本というマーケット」の実態

この現象（政府マネーバブル）は世界各地で起きている。が、不思議なことに日本ではあまり聞かない……と感じはしないだろうか？　はい。なぜなら日本では違う症状となっているからだ。例えば、日本では「銀行」はその症状が露呈されている代表格のように思える。

前述した通り日銀は「東証一部」上場企業の株を中心に毎年大量に自ら買っているのだが、因みに２０１９年11月の時点で、その購入総額は31・６兆円となっている。これは見方を変えれば、業績に関係なく（一部上場企業であれば）彼らの「内部留保は毎年必ず増える」ということを意味するわけだ。因みに日銀は今後も年間12兆円ペースで買う……。と公式発表した。

ご参考までに海外の中央銀行は自国の「国債」は買っている。なぜなら期日が来れば金利分増える（ことは自国の政府が保証している）からだ。が、自国の「株」は買わない。当たり前の話ではあるが、なぜなら株価は下がる（つまり国家の資金が突然消える）可能性もあるからだ。

ということで、世界の主要な投資家でこの独自路線を行く日銀の政策を知らない人はいない……。（結果的に）海外のマネーや（年金や保険基金のような）国内の大口機関投資家もこぞって（日銀と）同じスタンスで投資するようになっている。なぜなら日本銀行「自ら株主」になっている以上（つまり国営企業と同じであり）リスクは非常に低いだろう……と考えているからだ。

尚、その際日銀は個々の銘柄ではなく「インデックス単位」でまとめ買いするという点は前述した通りで、これにより結果的に市場からの評価以上の銘柄もごちゃ混ぜで買われており、当然彼ら（過大評価されたよくゾンビ企業と呼ばれている）一部上場企業の株価も上がる……というシステムができあがっているわけだ。つまり、この中（日銀が買うインデックス銘柄というトライアングルの中）だけは日本でも巨大バブルは発生しているのだ。

■東証一部企業はどこで儲けているのか？

日本では大手企業だけはこのように自動的に純資産が（近年異常に）増えるシステムになっており、２０１９年11月時点で、彼らの「内部留保」は計約４６３兆円で７年連続で今までの最大値を更新している。因みに同期間株主への配当金の額も過去最大を更新中となっているのだが、不思議なことに（そこで働く）社員の給与はさほど上がってない。

それではその「余った」資金（日銀からのバブルマネー）は（配当以外には）一体どこに投資されているのか？……。

結論的にいうと、デフレの日本では（設備）投資しても回収できそうもない……（要するに儲からない）と考え、もっぱら「海外」に投資されているのだ。

ご周知のとおり大手企業による海外投資はもう随分も昔から行なわれているが、実際はその多くはうまくいかず、撤退しているケースも少なくない……が、それは昔の話？で、逆に今は大きなリターンを上げているのだ。

一体何が起きているのか？……端的にいうと（その理由は）「利益を上げる（利益が残る？）戦略」に変更したから。となる。その一例が、日本の大手（企業）による海外企業のＭ＆Ａ

なのだが、近年大規模な案件がやたらと多い。
例えば、

●ソフトバンク社…………ＡＲＭ社（イギリス）　買収金額３・３兆円
（２０１６年）
●武田製薬社…………シャイアー社（アイルランド）　買収金額６・８兆円
（２０１８年）
●アサヒグループ社………カールトン＆Ｕ社（豪州）　買収金額１・２兆円

などとなっている。

言うまでもなく、Ｍ＆Ａされる外国企業側の仲介者（エージェント）は海外の大手投資銀行だ。大きな案件になればなるほど、このように資金量の豊富な投資銀行が登場する……という点については前述した通りだ。

尚、海外展開するのにいきなり海外の企業をＭ＆Ａしよう。と考える日本の企業は少数派で一般的には、海外に自前の子会社を設立し、自前での経営を目指すものなのだが、一方で、日本人は海外での経営に向かない……。というのもご周知の通りだ。そこでどうしているのか？というと、「やること」は同じなのだが、ビジネスモデル（収益モデル）を一部変更しているのだった。

例えば、以前までは自社製品を自社で販売する……という。という通常の海外経営スタイルだったが、これを改めて、「配当金」や「ロイヤリティー」や「特許使用料」……といったいわゆる不労所得を（海外で）得る戦略に変更している。

なぜこんな変更をしたのか？そもそもこの戦略のどこが真新しいのか？基本的には活動内容は同じではないのか？……（この戦略のメリットの）詳細は後述するが、結論から先に申し上げると海外子会社からの「配当」（での収入）の場合は「特例」（私の見る限り）があり、ほとんど税金（日本での）がかからないのだ……（つまり海外子会社からの配当金のほとんどは丸々本社の内部留保に積み増しできている）。急激に日本の大手企業の内部留保が大きくなっている最大の理由はこれだと私は思っている。要するに（このカラクリの詳細は後述するが）日本の一部上場企業は勝手に増えていく資金をもっと増やすために、後述する著書の提言スキーム（の一部）を実行し、毎年（日本の親会社の）純資産を増やすことに成功しているのだ（投資銀行と梁山泊は使ってないが）。

別の言い方をするならば、多くの日本の企業は今まで海外で失敗してきたが、その理由は経営を「自ら」行なったからだ……。が、このように（海外での）経営は、M＆A後も同じ（海外の）経営者にそのまま任せたり、M＆Aではない（海外子会社の）ケースでも、原則自らは経営はしない。で「資本」（海外で経営する会社のオーナー）側に回り、こんな具合に配当金あるいはロイヤリティーや特許使用料などの権利収入を毎年（海外子会社から）徴収する……という収入（要するに上納金）のスキームに変更してきているわけなのだ。また、海外子会社からの（ほぼ無税？でパススルーさせる）配当金の増大は、本社の法人税の対象にならない「利益剰余金」の増大、つまり（日本側の）株主の資本の増大……と、両者（日本側親会社の株主とこの上納テクニックで楽して儲けられる日本本社の経営側）の利害も一致している……。つまり「総会」決議も下りやすい。

■変わりゆく銀行の収益構造

話がややマニアックになった感があるが「銀行」に戻そう。

ご周知の方も多いかもしれないが大手企業は（前記のような）大型M&Aを実行する際、自己資金だけで対応するのは稀で、銀行借入れを意図的にしようとする。なぜならレバレッジが効く（つまりその方がリターンは大きくなると考える傾向がある）からだ。

例えば、投資する側の企業からすると買収先から産まれる毎月のリターンの額が、毎月の（銀行からの借入れ金の）返済額より大きければ（全額自己資金で支払うよりも）借金する方が（利回りが上がるので）ベターだ。となるわけだ。これは同時に融資先が昨今減少している銀行側にしても、（このような法人取引は）額も大きく効率がいい……（焦げ付きの心配がなければ）となるわけだ。

前述の例は少々額が大きくピンとこない？……かもしれないので別の例を挙げてみたい。近年ミズホファイナンシャルグループは、ソフトバンクグループ社「一社」のM&A資金として、

２００６年……１・45兆円
２０１２年……１・65兆円

２０１８年……１兆円の融資をしている。その総額４・１兆円（くどいようだがソフトバンクＧ一社に対して）だ。

因みに日本には本日現在、地方銀行はおおよそ１００行あるのだが、貸出しの「総額」が前述の４・１兆円を超えているのは17行しかない……これでお分かりの通りメガバンクは（このように）グローバル経営に舵を切る日本の大手企業の金主になる（つまり日本版のトライアングル化を進める）ことで日本国内ではなく（膨大な利ざや収益を上げることができる）海外への投資取引スタンスに比重をシフトして来ているのだ……。

■地銀のリアル

それでは「地方銀行」の現状はどうか？原則として、非上場（企業）の場合、（地銀に限らず）原則として日銀による株購入はない。よって、海外マネーや機関投資家からの投資も通常は大きくはならない……。また預り金の規模も小さいので、前述のような大型Ｍ＆Ａ（での資金提供といった機会）も原則ない。よって「本業」の利ざや業が自ずとメイン（収益の柱）となるわけなのだが、昨今のマイナス金利で利ざやは非常に小さい上にデフレで融資先も少ない……今までは借り手がいなくても、日銀内の自行の口座（日銀当預）にプールしておけば少なくとも金利分は増えたわけだが、今はマイナス金利。つまり当座預金（の政策金利残高）にプールすれば（余った資金を預ければ）こっちが逆に日銀に金利を払わなくてはならない……。

※所感として

今後世界中で「マネー過多」という表現は使われなくなる可能性があると思う。なぜなら今後はマネー過多なのが「日常」になる可能性があるからだ。そうなると今まで実態経済で通じた（収益を上げてきた）戦略の多くは、今回の銀行（というビジネスモデル）のケースのように通じなくなってしまうことだろう……。が、一方で、後述するようにこのマネー過多を逆手に取ることで一転して「特需」となる業界も出てくる……と私は思っている。

(3)　なぜ海外での資金調達が成功してしまうのか?･異変　その③

■「日本の中小（ベンチャー）企業」という（海外投資家にとって）まさかの「ダークホース」出現?!のリアル

結論から先に申上げるならば、海外投資銀行家が、昨今のような「加熱マーケット」で最も投資したい企業のスペックは以下のようになる。

①「実業」の会社（広義のモノ造り会社）
②（彼らの）自国マネー過多に「影響されない」会社

③「バイオ」関連の会社

ということで一点ずつ解説してみたい。

①「実業」の会社（広義のモノ造り会社）のスペックは前述の通りだが、更に具体的にいうならば、

●実態のある製品を製造している
●高い技術やノウハウを持っている
●実績を残している
●海外でも売れそうだ

……という点が挙げられる。つまり平たくいうならば、海外に出ることで、地元の梁山泊とも大きなシナジーが期待できそうなスペック。というイメージになる。

②自国のマネー供給に「影響されない」会社とは、例えば日本国内のみをマーケットとした（いわゆるドメスティックな）ビジネスモデルで、ユーザーや消費者も日本人……と、要するに米国や香港といった彼らの自国経済（の動き）にリンクしない投資先案件。となる。

例えば情報通信、不動産などの投資業、飲食業、医療業、クリニックやエステ業……など多岐にわたるが、実際に香港の投資銀行と交渉してきたが、前に進むプロジェクトに共通して（総じて）いえることは、

●日本で一定の成功を修めている

●もっと成功できるポテンシャルがある
●日本ではこれ以上資金調達できない
●よって（今のままではこれ以上の）大きな成長は期待できない……

　このような状況であれば投資銀行側も（あまりリスクを感じることなく）オファーしてくる（成約する）可能性は高い……と感じる。

　尚、このような（②の）場合、私は投資銀行やＶＣへの「プレゼン戦略」も一部変えることが多い。例えばこのように彼ら投資銀行側にとって「完全アウェー」への投資相談での（私がよく使う）プレゼン方法はこんな感じだ。

「今日、10億円投資してくれたら、1年後の今日は20億円リターンできる自信がある……」と、こんな具合に利回りの結論から入ることが多い。それにより、「凄いリターンじゃないか！それに日本への投資であれば為替のリスク分散もできるじゃないか！……」と、のっけから大抵はこうなる。つまり彼らにとって、（日本という）海外に投資する……というアウェー（というマイナスイメージ）感は薄れるのだ……。因みにその逆（の方法）で、例えば日本のドメスティックな（往々にして日本独自の文化や商習慣といったマーケットだから成功する）ビジネス（モデル）といった説明から最初にすると、（そんな日本の特殊事情など知らない）相手は混乱し、よく分からないからＮＧだ……という流れになってしまうことが多い……のだ。

これにより多くのケースで帰国後、（弁護士を通しての）「正式キャッチボール（交渉）」は始まる。よく第一印象が全て。というが、これは海外でも同じのようで、こうなると相手は「凄いリターンのプロジェクト」……という記憶ばかりが強調されることになり、半分は成功したようなものなのだ。

当然どんな投資にもリスク（ファクター）はある。例えば今回の例のように「アウェー」の地に投資する。という点も彼らにするとリスク要因に含まれる。が、それを持って余りあるほどのリターンがある……と最初にそう認識してくれれば（つまりプレゼン前に抱いたであろう不安より期待の方が大きくなってくれれば……）、その後のやり取りも驚くほどスムーズになるものなのだ。

■「エステサロン」のケース

彼らの「自国マネー過多に影響されない」日本の会社の別の例では、日本の某「カリスマエステサロン」への投資交渉（の日本側の代理）をしたこともある。私はその際、サロンのフランチャイズ権を海外で販売する会社を地元の大手の梁山泊と（合弁で）設立し、成功すればその合弁会社をＩＰＯしないか?という提案をした。

因みに、その時の提案先（香港側の梁山泊）は、イギリスのサッカーのプレミアリーグの某チームのオーナー会社だった。彼らは国内外に多岐にわたって（主にエンターテイメント系企業に）投資している投資会社で、主要空港内やターミナル駅など、どこでも入れる（出店できる）し、FC権利を丸ごと別のFCチェーンに販売する（こちらは資本側に廻る）こともできるし、そのFCチェーンと更に合弁化してIPO……という逆提案もあった。

また、ご参考までにそのオーナー（梁山泊）は、我々との二回目の打ち合わせで友人を同席させた。その友人は、マドンナ、デビッドベッカム、レディーガガ……など、セレブ約100名の香港側での主要イベントを取り仕切るPR会社のオーナーで、彼ら（セレブ）は契約している大手スポンサー企業（スポーツ系の総合メーカーやスーパーブランドなど）の新商品のプロモーションや取材、あるいはCM撮りなどで香港やマカオをよく訪れる……とのことで、彼らとのシナジーが出せる戦略（つまりこのカリスマサロンを日本だけでなく「世界的なセレブ御用達」にさせるブランディング……）を勧めてくれた。これ以上は守秘義務があるのでコメントを控えるが、このように必ずしも投資銀行に先に話を持っていくのでなく、チーム内の香港弁護士の友人やクライアントでもある梁山泊とまず話をつけ、その後投資銀行に持っていくというケースも少なくない。今まで全く接点がなかった海外のプロフェッショナル……自分にとってまた一人「異色」の梁山泊が増えた瞬間でもあった。

■某「芸能プロダクション」のケース

異質なケース?として真っ先に思い出すのは、日本の芸能事務所のあるエージェントさんから、所属している某タレントの海外展開を依頼されたこともある。その時我々をサポートしてくれた梁山泊は、香港のセントラルにある旧ソ連の某国の総領事館と香港のコングロマリット（ここでは「Eグループ」と表記させていただく）だった。

こちらが領事館側に提案した内容は、日本からの「親善」大使というスタンスで、あなたの国と何かシナジー効果を出せないものか？……それにより、（この有名歌手が）所属する日本（の芸能プロダクション）側は、あなたの国や文化（の映像）を日本のメディアに提供することで、大きな（無料の）宣伝効果になるだろう……と。因みにその領事は自国の現職大統領の血縁者ということで、今回の打合わせをセッティングしたパートナーの弁護士（私の相方）はその（領事館の）法律顧問という関係だったのだが……、すると領事曰く、ちょうどもうすぐ建国30周年？ということで何やら大きな国家イベント？を計画中とのことで（こちらのこのような不躾な提案にもかかわらず少なからず興味を持ってくれたようで）なんとその場で（大統領に）電話し始めた……のだった。

結果的に、「前に進めて構わないと言われた」と、何とその場で口頭合意を取り付けてしまったのだった……この領事のご好意には今でもとても感謝している。

香港で「Eグループ」を知らない人はいない。ここから先は契約上ノーコメントなのだが、ひとつ言えることは、香港に限らずアジア諸国の方々は日本語放送のTV番組があったり……とやたらと日本の芸能人に詳しい。そして、依頼者であるエージェントさん曰く、日本（の事務所）側にとっての（海外での）ドル箱は「テレビCM」（によるスポンサー収益）とのことで、私の当時のミッションは、日本側と梁山泊側双方がウィンウィンとなるアイディアを出し、ＯＫなら即実行する。ということだった。

アジアには日本からの大手メーカーなど進出している企業は多い……当時マカオのカジノ系梁山泊を含んだ連携は圧巻だった。因みにマカオのカジノの多くは実は「同じ保険会社」と契約している。そして我々の当時の梁山泊の一人はその保険会社の現役の会長だったのだが、当然、会長はマカオの「カジノ王」とも接点がないわけはなかった……。このようにしてミ、ッ、シ、ョ、ン、は静かに進んでいった。

■「日本のクリニック買収」資金調達のケース

個人的に面白かった案件？といえば、特定分野の医療クリニックを専門的にＭ＆Ａしている、ある日本の投資会社からの（資金調達）依頼かもしれない。因みに買収される側も日本のドメスチックな（あまり経営がうまくいっていない）クリニックであり、海外展開はしていないし、今後もその可能性は低い……とのことだった。

尚、依頼主である投資（Ｍ＆Ａ）会社の規模はあまり大きくはなかったが、ビジネスモデル的には非常に成功していた(どんどん買収先を増やしていた)。要はＰＬ(損益計算書)ベースでは確かに成功しているのだが、益金はそのまま再投資に回っており、つまり会社の「(純)資産」は多いものの「現金」はあまりない……と、そんな状況だった。

(香港での）プレゼン結果？なんてことはない。当時お会いした投資会社は合計2社、それぞれたった1時間のプレゼンであったものの、それで充分だった。両社ともプレゼン終了後このプロジェクトにぜひ「投資したい」と意思表示し、その場で口頭合意となった。

　因みにこの時のプレゼンの構成も、前述した「高利回り」からスタートする戦略だった。が、二点ほどカードを追加した。一点目は、日本で買収する（クリニックに付いてくる）土地や建物などの「所有権」はあなた側（投資銀行）名義で構わない……とする「担保」の提供。二点目は、原則として、当Ｍ＆Ａから産まれる配当金などのインカムゲインは投資家側が回収完了までこちら側は不要……と、（当時その投資銀行とは日本で別会社を共同持株で設立し、その会社名義で日本のクリニックのＭ＆Ａを進めるスキームで口頭合意していたのだが）つまり、Ｍ＆Ａして仮に買収先の経営結果が芳しくない場合、彼ら（香港の投資家側）は所有する不動産をいつでも売却できるし、当面事業からの収益以外日本側は受け取らない……と提案することで彼らの資金回収を通常よりも短くなるようにした。

　このプロポーザルは要するに、経営の本業からの利益と資本でのリターンのインカムゲインをミックスさせた益金の分配比率の変更というポイントなわけだが、投資家は資金回収できる選択肢が多ければ多いほど良い（リスクが低い）プロジェクト。と評価するわけで、またこちら側も初めから、買収後のクリニックを改善し、「独自ブランド療法での施術」という「実体経済」から利益を上げるスキームなわけで、箱の所有権などの拘りはなかった。また日本（のクライアント）側はそもそも既に買収したクリニックという純資産、そしてそこからのインカムゲイン（配当）もあるので、彼らとのその辺りの調整は全く問題なかった。

※所感として

このように交渉とは彼らとのゼロサムゲームではなく、「お互いが勝つ」道筋を見つける議論であり、「勝つ」という意味合いも（必ずしもリターンは）お金である必要もない。この辺りの交渉は個人的にもいい経験になり楽しかった。

③「バイオ」関連の会社

私が今まで交渉してきた中で、香港の投資家が最も前のめりになってくるのが、日本の（赤字を含む）バイオベンチャー企業（への投資）のケースだ。これは最もわかりやすい例かもしれない。なぜなら実業だし、細かい条件はあるもののバイオ関連会社は最短8ヶ月で、売上げや利益も原則として必要なく（つまり商品未完成という収支的にも赤字の状態で）ＩＰＯできる（法令が香港には既にある）からだ。

ビッグ2内の投資家にとって、新規ＩＰＯ投資はローリスクハイリターンである旨は前述の通りなのだが、私が見た中で、その中でも「更に」ローリスクハイリターンなのがこの「バイオ」関連会社のＩＰＯだ。なぜならこのように収支上は赤字ＯＫであり、上場認可までの期間も1年未満で、更に投資銀行側も引き受け（株の買い取り）しなければリスクは原則ない……と、つまり投資銀行側もすぐにリターンが出る（よって優先的に取り組みたい案件）……といえるからだ。もちろん中身が伴ってないと梁山泊は付かないが日本の技術力は高い。今後この分野で資金調達する日本の中小やベンチャー企業が増えるのは間違いないことだろう。

■海外の投資家は日本の中小やベンチャー企業をどう評価しているか?

これでお分かりの通り、海外と日本では資金調達の額も違うのだが、このように同じ投資を生業としている投資家であるにも拘わらず、その評価基準は、ところ変わればここまで違う?!……となっているのだ。

日本の事業会社に例えば日本のどこかの投資家が投資したところで、日本のマーケット全体が縮小している限り大きなリターンは見込めないだろうし、日本の独自ブランドが日本でＦＣ展開した?といったところで真新しさはあまりなく、そんな状態でマザーズなどに仮にＩＰＯしたところでそれほど大きなニュースになるとも思えない。逆に中途半端に広げることで、ブランドイメージや商品価値が陳腐化してしまう……(というリスクすらありえること)だろう。

が、例えば同じブランドでも、「海外」での代理店展開ならどうであろうか?日本で一流と誰しもが認めるブランド(似た例が前述のＨＯＮＭＡ　ＧＯＬＦ)の海外初上陸!……人化けの匂い……大物フィクサーの梁山泊は俄然張り切ることだろう……。つまり、梁山泊という海外で縦と横軸両方に動ける経営のプロ(ケースによっては複数社による集団)がサポートすることで、陳腐化どころか(前述のエステサロンのケースのように)更に(ブランドイメージが)高まる「海外」戦略が可能となるのだ。

「異変」発生は多くの産業を苦しめている……が、このように異変を「逆手」に取ることもできるのだがその辺り、実際に海外投資家は、（本音では）日本の今の中小企業やベンチャー企業をどのように捉えているのか？以下、日本の国内投資家の意見（の対比）と重ねてわかりやすく対話形式で（彼らの意見を）整理してみた。

●「自国」の金融マーケットは加熱していると思うか？
「海外」の投資会社……はい
「日本」の投資会社……はい

●（自国に）加熱していない（モノ造りなどの有望と思える）投資先会社はあるか？
「海外」の投資家……もうあまりない
「日本」の投資家……約３８０万社（現時点での日本国内の中小企業数）ある

●「海外」の投資家……モノ造り系会社の数が３８０万?!……とても信じがたい……それなら日本の銀行はなぜ彼らに融資しないんだ？
「日本」の銀行……担保がないから（あるなら既に貸していることだろう）。

●「海外」の投資家……それでは日本の「投資家」はなぜ彼らに投資しない？日本の技術力なら巨額ＩＰＯ（案件）はいくらでも出てきそうではないか？
「日本」の機関投資家……我々の資金は主に年金機構や保険会社などから委託された運用

金だ。よって失敗するわけにはいかない……よってローリターンでいいからローリスクの大手企業にどうしても（投資先は）なってしまう。因みに日本にもＶＣは当然あるし（彼らは）ベンチャー投資している……が、（日本で）今までそんな海外のようなスケールの巨額（資金）調達？といった話はほとんど聞かないし、その理由は自分でもわからない。

●「海外」の投資家……日本の投資家のスタンスはわかった。が、我々のような同業の「海外」の投資家は日本（の投資銀行やファンドなど）と違ってベンチャー投資に前向きのはずだが……なぜ彼らは（投資）しない？

「海外」の投資家（アシスタント）……彼ら（海外の投資家）曰く投資先の日本のベンチャー企業が仮に日本で上場できても、（発行会社の）資金調達は大きくなく、よって彼ら（投資家側）も成功報酬手数料を稼げない……からだそうです。

●「海外」の投資家（ボス）……う〜む……が、それ（儲かるか儲からないか？）はあくまで我々海外投資家サイドの問題であろうが？……それなら何で日本のベンチャー企業は「海外」で資金調達やＩＰＯしようとしないんだ？ウーバーのようになれるかも知れないじゃないか？梁山泊ともタイアップできそうじゃないか？

「海外」の投資家（アシスタント）……その理由は私にも分かりません……あと、梁山泊とのシナジー云々……のことは多分日本人は知らないと思います。

●「海外」の投資家（ボス）……う～む……まぁいい。我々の来日目的はバブルに影響されないポテンシャルを持った歴史のある未上場会社の発掘だ。それではこの国（日本）に「設立100年」の会社は何社程度あるか？聞いてみてくれ。
「海外」の投資家（アシスタント）……はい。設立100年（の会社）は「33000社」あるそうです。

●「海外」の投資家（ボス）……オマエ！ちゃんとオレの質問を理解しろ。設立10年ではなく100年だ！
「海外」の投資家（アシスタント）……ですから、33000社ですが……。

「海外」の投資家（ボス）……一国でそんなにあるわけないだろ！こっちが知りたいのは世界全体の合計じゃない！……分かった。それではこう聞いてくれ。

●日本に創立「200年」の会社はあるか？……これなら初めから100年企業も含まれる。わかったな？20年じゃないぞ。
「海外」の投資家（アシスタント）……創立200年は、「1340社」です！……因みにこの数ですが……その他世界中の200年企業の総合計よりも……日本一国での方が多いです！ボス！因みにですが……創立「1000年」も日本には6社ありました！

「海外」の投資家（ボス）……事実ならここはリアル宝島かもしれない……。

※所感として

海外投資家の多くは日本の「大手」企業のことはある程度は知っている。なぜなら海外M&A業務などで（以前より）接点がそれなりにあるからだ。が、このように「中小」企業やましてや「ベンチャー」企業となると話は全く別なのだ。また、多くの中小・ベンチャー企業のトップニッチ技術や（マニアを唸らせるほどの）専門性は大手を凌いでいるが、このような逆転現象は日本ではさほど珍しくないが、海外の投資家のほとんどはそんな（日本独特？ともいえるだろう）特異なマーケット現象などは知る由もない……。

が、このように日本の（モノ造り）中小やベンチャー企業がいかに長い歴史を持ち、且つハイレベルなのか？……を知れば知るほど、ひょっとしたら、これはとんでもないこと（日本企業側からすると海外からの特需）が起こるのでは?!……と一部の海外投資家は既にそう感じ始めているのだ。

(4) なぜ海外での資金調達が成功してしまうのか？異変　その④

■「海外資金調達？海外子会社を使えばほぼノーリスク?!」のリアル

一般的に銀行借入れには「担保」、投資家からの投資には「持ち株の譲渡」が資金調達する上での条件となる。が、海外の場合交渉次第ではそうならないケースがある。その辺り、これは海外（での資金調達）独特の展開か？と実際に交渉してみてしばしば思うのだが、この（座組みの）要点を以下のように整理してみた。

Q１　「担保」は必要か？

●銀行借入れ…………必要
●投資受入れ（日本）……不要
●投資受入れ（海外）……不要

Q２　投資家から投資受ける場合「自社株の譲渡」は必要か？

●「日本」の投資家……必要
●「海外」の投資家……やり方によっては不要

※海外投資家との合意により海外にて新たに設立する「子会社」の株（の譲渡）でも可。

通常日本でも海外でも、投資家は資金提供との引き換えに「投資する会社」の株を取得するが、私の経験ではそうならない合意の方法もある。例えば、当事者同士で合意すれば、投資家には日本の会社（そのもの）ではなく、海外（本著スキームでは香港）に別途で子会社を設立し、その子会社の株の譲渡で資金調達できるのだ……。

その場合、日本の（本体の）会社ではなく「海外の子会社」を（前述のスキーム通り）投資銀行、梁山泊との共同オーナー化させた上で上場させる。というわけだ。

※所感として

もしこの座組みでの合意となれば、以下のようなメリットが生まれる。

●日本の会社……日本の自社株を失うリスクを回避できる。

●海外投資家……シンプルに自国で設立されたその日本の会社の子会社を（前述の通り自らも共同オーナーになり）自国でＩＰＯできる（よって地元の梁山泊シナジーも使える）。

つまり「お互い」にメリットがある進め方なわけだ。マネーを追って投資家も企業も移動する……という主旨のコメントを前章でしたのだが、このように「子会社」での上場スキームであればそんな物理的な移動さえもなくなってしまう……のだ。つまり早い話が「日本に居ながら」海外での「子会社ＩＰＯ」は実は完結してしまうのだ。

(5)　なぜ海外での資金調達が成功してしまうのか?・異変　その⑤

■「自国でどうぞテストマーケティングしてみて下さい」……の一言で交渉はほぼ決まる?!……のリアル

海外投資家は日本のモノ造り会社に「投資」したい……日本の中小（ベンチャー）会社は「資金調達」したい……私のミッションはそんな双方のニーズの実現化だ。私はこのようなケースで（出来るだけいい条件を引き出すための）プレゼンを何度もしてきているのだが、時々ある悩ましい問題が起こる。例えば投資家サイドは（投資を）進めたい気持ちはあるのだが、（日本の企業先が）扱っている商品やサービスがあまりに専門的？すぎて、どうにも（その凄さが）判断できない……と、こんなことは少なくないのだ。

このような悩ましい問題を解決する上で私がよく用いる方法は、「分かりました。それでは自国でテストマーケティングしてみて下さい。正式なお返事はその後で結構です……」とコメントすることにしている。なぜならこの一言により、ほとんどのケースで彼らの不安は払拭されることになるからだ。テストマーケティングの威力は絶大だ。彼らは我々のプレゼンを鵜呑みにしない……。が、こちらとてアジアマーケットの競合他社には絶対勝てる自信があるからわざわざ海外（香港）まで来ているわけだ。

テストの結果？いうまでもなく彼らはその後「前のめり」になってくる……（笑）

(6)　なぜ海外での資金調達が成功してしまうのか？異変　その⑥

■「日本と外国の文化は違いすぎる?!　だから成功する」のリアル

私は海外で27年生活しているのだが、日本人と外国人の性格や特性は「真逆」だ……と思うケースは少なくない。例えば、昔も今も日本の教育スタンスは「苦手分野は克服しろ」のようだ。が、実際にこのスタンスを（ベンチャー）ビジネスの世界で実行するとどうなるか？……仮に苦手科目の勉強を増やすとしよう。が、それは一方で、得意科目の勉強時間の減少も意味することになる。結果として苦手科目の克服？は確かに成功するかもしれない……が、そうなると、逆に得意科目が「並レベル」になってしまう可能性（リスク）もあるわけだ。

例えば「専門店」が「総合デパート」の真似をしたらどうなるか？小さなショップかもしれないが「マニアック」な専門店だからこそ付いたであろうコアな常連さんは離れることだろう。一方で、デパートの常連さんにとっても、そんな「ハリボテ」百貨店に用などあるはずもないことだろう……。これが現実なのだ。

人には得手不得手がある。世の中には、例えば「先天的」に動体視力が高い、絶対音感レベルが高い、数字に強い……そんな人は確かにいる。そして（一般的に）得意分野（の仕事）であれば誰しも意欲は湧くし、周りからの評価も高くなることだろう。そうなるとますます頑張れる……よって、ますます評価は上がる……。

私が今まで視てきた中で、「この発想」はそっくりそのまま中小（ベンチャー）企業の「成功理論」にも当てはまる。つまり専門店が更に売り上げを伸ばすには、総合デパート化を目指すのではなく、更に「専門性」を磨く（トップニッチを目指す）が正解なのだ。結果として、あまりに専門性が強すぎて、もはや誰も競争を挑まなくなってしまった……という状況に至ることになることだろう（が、その反面国内マーケットは小さいので、今後大きな成長も期待できない……というジレンマにも陥るのだが）。

もし仮にこの国内ほぼ無敵（トップニッチ）状態で、海外投資家に（前述のような）資金調達プレゼンをしたらどうなるか？……。そう。「この状態」こそがエッジが効いた（経営）モデルの状態であり、「本当に世界デビュー」できるかも……と、プレゼンを聴きながら（大手の投資銀行やVCが）大化けの匂いを感じる状態なのだ。

つまり、トップニッチになったら総合デパートを目指すのではなく、もっと大きな市場を求めて海外に出る。これが正解なのだ。

■「海外」は梁山泊、「国内」は自社という「経営の分業制」にしたらどうなるか？

国内でマニアックな専門店になる（なった）……。この発想や状態は更に発展できる。なぜなら海外での経営パートナー（梁山泊）がもっとも本領発揮できるケースもこの状態だからだ。今まで様々な角度から梁山泊の「担当」や（潜在）「能力」といったいわば「スペック」や「データ的」な点を解説してきたが、ここでは彼らの「考え方」や「特性」といったいわば「内面（メンタル）」の部分についてを（今までいろいろなタイプの梁山泊を視てきた中で）私個人の所感でできるだけ分かり易く表現してみたい。

結論的に言うならば、人は誰でも得手不得手があるが、お互いに「得意分野に徹する」ことができれば、より大きな成功になるであろう……という今まで説明してきた考え方と同じことがいえるのだ。

ぜひこちらの「海外」の部分を、「投資銀行」や「梁山泊」に変換してみてほしい。

（教育）

●日本……苦手分野？克服しろ
●海外……苦手分野？捨てろ

（得意分野）

●日本……内へ内へ（なんでもコンパクトにしたい）
●海外……外へ外へ（なんでも大きくしたい）
●日本……0から1を造るためにひたすら内に籠もる
●海外……1を100にするのにどんどん外に出る

（スポーツでの適正）

●日本……持久力　マラソン　団体競技
●海外……瞬発力　短距離　個人競技

（宗教観）
●日本……八百万の神
●海外……神は一神

（仕事に取り組む姿勢）
●日本……プロセス重視　結果より取り組む姿勢
●海外……結果重視　結果以外は全て言い訳

（ビジネス面・得意分野）
●日本……研究　開発　事務処理
●海外……営業　プレゼンテーション　マーケティング
●日本……基礎研究　基礎技術
●海外……既存の技術の組合せ　エンドモデルの商品化

（会社とはなにか？）
●日本……スタッフと一緒に成長する場所
●海外……株主の所有物　自分は（与えられたミッションの）結果を出すプロ

（会社の成長に最も必要なものは？）

●日本……地道に研究開発する人材
●海外……短期間で他社を買収する資金と行動力

（資本と経営どっちが向いているか？）

●日本人……（寡黙な）オーナー向き
●外国人……（よく喋る）ＣＥＯ向き

（超苦手分野は？）

●日本人……リーダーシップ　ナンバーワンになること
●外国人……研究開発　組織の歯車になること
●日本人……技術を金に変えること
●外国人……金になる技術を自ら作ること

■互いの相手をどう評価しているか？

●日本人にとっての外国人観とは？

彼ら外国人はまず非常にメンタルが強い。そして独特の商売感覚やビジネスの哲学を持っている。これは個人的な意見ではあるが、彼らの多くはお金の話を人前ですることにあまり抵抗感を持たない。驚くべきことにそれは家族の間でも変わらない。むしろ子供の頃から金銭感覚を身につけさせることはいいことだ……とさえ思っているようだ。結果として日本人には到底真似できないほどアグレッシブで且つビジネスセンスに長けている。どう考えても、あの歴史、あの文化、そして遺伝子（先天能力）あってこそ……だと思う。

●外国人にとっての日本人観とは？

自分のキャリアをたった一つの研究だけに捧げる……そんな退屈な人生を望む人はこの世にはいない……今まで自分はそう思っていた。が、彼ら日本人はそうは考えないようだ。彼らは、そもそも「研究」を単なる「収入を得るための手段」……などとは捉えていない。また日本人は自らを無宗教というが、彼らの研究に対する姿勢はまるで修行僧そのもののように自分には映る。毎日毎日無言で実験を繰り返す？……当たり前だ。それは彼らにとっては仏になるための大切な「行」だからだ。彼らの姿勢を見ているとまるで（苦）行の末には必ず悟りの境地がある……と頑なに信じているかのようだ。要は結果は勿論重要だが、彼らはプロセスや取り組む姿勢についても同じくらい重要だと信じているようだ……。彼らのような「宇宙的」な考え方や行動様式には大きな敬意を払うものの、我々の文化とは全く馴染まない……。とも感じる。恐らく長い日本の歴史や生活様式がそうさせているのだろう。

※所感として

「(海外)営業」担当の梁山泊と「開発」担当の日本企業、更には「金主」である投資銀行……互いの弱点を補完でき、得意分野に専念できる日本の中小(ベンチャー)企業が今後海外マーケット攻略、同時に海外での資金調達をも成功させてしまう……は実現できるのだ。

(7) なぜ海外での資金調達が成功してしまうのか?・異変　その⑦

■外国人と「同じ言語」を話せる?!のリアル

海外市場について、トライアングルについて、そして梁山泊について……様々な角度からコメントしてきたが、彼ら(梁山泊)との打ち合わせの際、しばしば「不思議な現象」が起こる。ここではそんなエピソードについて紹介してみたい。

梁山泊は「海外」の経営のプロでありフィクサーでもある。よって「日本人」とはお互い違う言語になる。が、(上場させる上での)パートナーとしての梁山泊選びの基本は、日本の企業側と「同じ業種」の企業を選択をすることだ。例えば日本の企業がバイオ関連であれば、海外のパートナー候補も当然同じ(バイオ関連)業(の上場企業)となる。よって、この場合（お互い国や言語は違えど）同じような研究テーマを持ち、社長さん同士も大体同じようなゴール設定や問題意識……となるケースが多い。つまり、実際お会いしてみたら同じような感性や同じような価値観の持ち主だった……とお互いになってしまうことが多いのだ。

この光景は傍目で見ていてなかなか面白い。なぜなら「違う」民族や違う語族同士にもかかわらず「同じ」脳内言語でのコミュニケーションが成立してしまうからだ。私は実際のプレゼンの最中にこの光景を何度も見てきた。そしてこうなると私の通訳などむしろ邪魔になる（笑）。

※外国人とのコミュニケーション（所感として）

①「通常」のケース
●日本人……日本語
●外国人……外国語
結論……通訳必要

②「同業種の（技術系）梁山泊」とのケース
●日本人……「エンジニア」語
●外国人……「エンジニア」語
結論……国を超越した（同じゴールを目指している）戦友がいた！（通訳不要）

(8)　なぜ海外での資金調達が成功してしまうのか?・異変　その⑧

■日本の会社が海外（例・香港）の上場子会社の親会社になると（その後）どうなるか? ……のリアル

日本の中小企業やベンチャー企業は、海外投資家（投資銀行やプライベート・エクイティー・ファンドやVC）と契約することにより「資本」（資金調達）と海外での「経営」（梁山泊による請負）の両取りできる可能性がある。またその場合、日本の本体ではなく、海外（著書のケースでは香港）に「子会社」を作り、その子会社を海外投資家と梁山泊側との合意によりJV化し、海外でIPOさせることが可能になる……という点について様々な角度からコメントしてきた。

ここでは、もしこの戦略で進めたら、実際的にその合弁子会社のIPO後どんなことが起こり始めるのか?……という点について解説してみたいと思う。

例えば（香港）子会社上場の「前」までは、日本での（親会社側の）収入源は自社の「経営」収入のみしかなかった。と仮定しよう。それでは一体上場「後」はどうなるか?……表面上は何ひとつ変わってないようにもみえる……が、社長（と一部の役員）だけはそのことを知っている……。

日本ではちっぽけなメーカーかもしれない。が「子会社」を持っている。子会社がある会社など全く珍しくないかもしれない。が、意外なことにその子会社は「海外」にあるのだ……しかもただの海外子会社ではない。（その子会社は）なんと、海外（香港）で「上場」しているのだ！……しかもその上場子会社、ただの上場会社ではない。なんと香港の同業大手上場企業や大手投資銀行との「共同持株会社」だったのだ！……。

更にその子会社から（日本の親会社への）の「配当金」（やロイヤリティー、特許レンタル料などの権利収入）の受取りはすでに始まっているのだ……というか、我が社の「純資産」の大半は、既にその子会社からの配当金（と海外大手からのロイヤリティー収入など）からもたらされているのだ！……。

と、全てが順調に行くとこのような状態となる。因みに現在、日本の東証一部（の特に製造業）企業の多くが既にこの戦略（海外子会社から毎年配当金を貰うスタンス）を実行しており、あまり知られていないようだが彼らの多くはそんな海外からの配当金の額が国内での稼ぎ（総利益）に匹敵するほどの額になっている。

もっと厳密に解説するならば例えば（親会社である）日本の会社は、全てがうまく行くと以下のタイミングで海外の上場子会社から資金調達できる可能性がある。

①上場「前」……子会社の持株の一部を「海外投資家」に譲渡する時（前述した海外投資家〈投資銀行やVC、プライベート・エクイティー・ファンドなど〉とのタイアップスキーム）
②上場「前」……子会社の持株の一部を「梁山泊」に譲渡する時（梁山泊とのタイアップスキーム）
③上場時……持株の一部を「第三者」に譲渡する売出し時
④上場「後」……更に持株の一部を「第三者」に譲渡する売出し時
⑤毎年の配当金（やロイヤルティー収入）を受け取る時

と計5回にもわたる。しかも、④は成長すれば随時、⑤に至っては（子会社が）利益が出ている限り原則として「毎年」調達できることになる。

※所感として
ご参考までに前述した「大手企業の勝手に利益が残る戦略」とはここでの⑤の（スキーム）のことなのだが、これでお分かりの通り本著の提言している内容は更に①から④が（投資銀行と梁山泊からのサポートにより）合体されている。ということなのだ。

またこれは「資本」（からの収入）に限った話で、「経営」（からの収入）は更に別個だ。つまり海外での経営展開を梁山泊側とシナジーを出して進めていく上で、（経営の座組み次第で）海外から日本（親会社）側が直接受注する形の方がお互いによりメリットがある……

というのであれば、その場合、更に海外「売上げ」の計上が合意の元これに加わることになる。

■海外子会社からの「配当金」というあまり知られていないマジックとは？

多く方は不思議に思うかも知れない。前述の海外子会社のスキームは分かったが、海外子会社を持つこと自体はさほど珍しくない。特に大手であれば海外に子会社がない方が珍しいのでは？……しかも多くのケースで海外展開は失敗して撤退しているではないのか？……と。

それではなぜ（日本の大手は）子会社から受け取る配当金だけで近年、内部留保が異常なほど大きくなってきているのか？（本書を執筆している本日時点で7年連続最高額更新中）……。その答えが（前述した）「より利益を出す」、厳密には「利益が残ってしまう」戦略に変更したから。となる。

少々長くなるがこのマジックについて一つ一つ解説してみたい。まず第一に海外での株主の力は日本のそれとは比較にならない。海外には「物言う株主」という言葉はない。なぜなら海外には物を言わない株主などそもそも皆無だから……だ。これが何を意味するか？というと、例えば海外の子会社が成功し得た年間の利益は決算時にオーナー（株主）に配当される（その残りが内部留保となる）のだが、オーナーへの配分比率は海外の場合（内部留保をより多く残す傾向のある）日本（の企業）より「高くなる」ことが多い。

次に「外国子会社配当益金不算入制度」という法律（法令）についてコメントしたい。「日本の親会社が外国子会社から受ける配当は、その配当（源泉税控除前）の95％が益金不算入とされる」……と原文は謳っているのだが、これは海外ではなく日本の国税の法律（法令）だ。つまり付帯条件はあるものの（日本の）親会社が海外の子会社から受け取る配当金は、一律5％のみ益金とみなされ課税（日本のインカムゲイン税は20・315％）されるが残りの95％についいては丸々無税（そのまま親会社にスルー）となる。

これは何を意味しているか？海外ビジネスをする場合、海外からの売上げをそのまま日本（の本社）で計上するより、海外（例えば配当金にかかるインカムゲイン税がそもそもない香港やシンガポール）などに子会社を設立し、そっちの売り上げに計上することで、同じ売り上げ（額）でも結果的に見た場合日本の（親）会社が受け取る額は全く違ってくる……ということを意味する。なぜなら国内法では意図的に海外子会社からの配当金にすることにより、このように税法の特例？（例えばこの不算入率95％は「国内」の子会社からの配当金にかかる率よりはるかに大きい）があったり、海外法（香港やシンガポールなど）では世界的に見ても法人税が低い……など税率が違ったり（香港の法人税は因みに8・25％か16・5％、額によってこの二つに一つ）、あるいは前述したように株主の力が強い。などの商習慣も違ったりしているからだ。

■海外子会社にするとなぜそんなにキャッシュが残るのか？（整理すると）

●第一に、香港、シンガポールなどはそもそも日本より法人税率が低い。また法人住民税も

ない。（メリットその①）

●よって（純）「利益」は大きくなる。←

●純利益が大きくなれば貸借対照表上の「純資産」も大きくなる。←

●純資産が大きくなれば「配当」も大きくなる。←

（海外では内部留保よりも株主への配当を優先させる商習慣があるのは前述の通り。（メリットその②）←

因みにシンガポールも香港も（海外現地サイドでの）配当金収入（インカムゲイン税）は「非課税」（日本では20・315％）となっている。（メリットその③）

●更に以下の点も日本の法律の特例？（に私にはみえるの）だが、日本の（親）会社は、配当金を出す「海外」の会社の（場合）「25％」以上の株を持っていれば、その海外の会社は「子会社」と認定される。←

※通常の国内子会社のケースでは「過半数」（50％を超える）のオーナーシップが必要。

（メリットその④）

よって今回の著者内のスキームでも、海外の子会社の持株比率が25％以上であれば、この

「外国子会社配当益金不算入制度」が適用され、（香港）子会社からの配当金のうち95％分は益金扱いではなくなり、よって受け取る配当金（の95％）は無税となってしまう……と。

←

●因みに子会社の持ち株比率25％の場合、これが海外ではなく「国内」の子会社（厳密には持ち株が25％の場合、子会社ではなく関連会社となるが）から配当金を得る。というケースの場合、益金不算入できるのは95％ではなく50％となっている。よって、（前述のように）海外（例・香港子会社）の場合、そもそもインカムゲイン税（配当金にかかる）はゼロの上、更に日本の親会社に渡ってもそのほとんどが益金として算入されない。よって毎年丸々お金（親会社のオーナーが自由に使える）が積み上がってしまう……。（メリットその⑤）

※所感として

五の丸、四の丸、三の丸、二の丸、そしてやっと本丸……このスキームを仮に「日本国内」の子会社に対して行なったとしたら最初の「子会社の売上げ」が、最後の「親会社への内部留保（配当金支払い）」という本丸に辿り着くまでの長い道のりは、「城攻め」に例えるとそんなイメージかもしれない（つまり本来であればどんどん目減りしていく……）。

一方でこれで明らかになった通り「海外」からの受け取りは、海外子会社経由にすることで、そして子会社は自身では経営せず、（自らではなく梁山泊による経営化させ）特許やロイヤリティー、技術使用権などのライセンスを販売する（よって大幅に人件費を含む子会社の経営コストを軽減する）スタンスに変更し、日本の親会社は子会社からの配当金を毎年その子会社の純資産から子会社の株主総会を経て受け取る……という収益スタイルにするだけで驚くほど（利益が勝手に残る）節税になってしまうのだった。

※子会社の持ち株は25％以上でなくてはならない……など付帯条件が多数ありますので詳細は専門家にご確認下さい。

⑼　なぜ海外での資金調達が成功してしまうのか？異変　その⑨

■両社合意で「子会社」をＩＰＯさせるとどうなるか？のリアル

「子会社」を海外でＩＰＯさせる場合日本側のメリットは大きい。

なぜならば、親（日本）会社の立ち位置は、このように原則何ひとつ変更がないからだ。

以下Ｑ＆Ａ形式で整理したので解説してみたい。

●依然として日本ではそのままオーナー社長？……はい
●依然としてそのまま日本での経営ＯＫ？……はい
●海外子会社は日本以外で経営？……はい
●日本側の経営の自由度も変わらない？……はい

●日本側の株主も変更なし?……はい（梁山泊側にはそれを条件の上、契約するから）

●日本側の役員構成も変更なし?……はい（梁山泊側にはそれを条件の上、契約するから）

●日本側から子会社役員出向必要なし?……はい（梁山泊側にはそれを条件の上、契約するから）

●子会社の経営もノータッチでOK?……はい（梁山泊側にはそれを条件の上、契約するから）

●親会社の業績関係なく子会社の業績よければ配当金入る?……はい

●海外子会社の株は売れる?……はい

●海外子会社の株を担保に借入できる?……はい（貸主との合意により）

●海外子会社通して海外から製品のオーダーが入る?……はい（梁山泊側との合意により）

●新製品は日本と海外同時販売を子会社経由でできる?……はい（梁山泊側との合意により）

私は第2章で、日本の中小零細（ベンチャー）企業が、もし（日本の）大手並みに資金調達できるなら?「間違いなく形勢は逆転するだろう……」とコメントした。そしてそのたびに周りからは「頭がおかしい……」と白い目で観られてきた（笑）のだが……これでお分かりの通り「形勢逆転」とはつまり「このような状況」のことだったのだ。

この座組みの最大のポイントは海外子会社は「上場」企業ではあるが、「非上場」の日本の親会社（の資本と経営の環境）は何ひとつ変わらない……という点かと思っている。つまり日本ではそのまま「ベンチャー起業家」の精神で自分の思うような（ユニークな）専門ショップ（会社）、思うような研究所、思うような（ミシュラン）料理店……を極端な話「採算度外視」で極めることができるようになってしまう。なぜなら実際に「アジア全域」で営業する味千拉麺やHONMA　GOLFの例を見ても分かる通り、日本より海外の方がはるかにマーケットは大きい。よってこの戦略が一旦軌道に乗ってしまえば、海外子会社からの毎年の配当金（の額）が日本の（親会社の）利益を思っている以上に速く超える可能性が高い（実際多くの日本の一部上場企業のBSはこのテクニックを実行することで既にそうなりつつある……）からだ。

違う言い方をするならば、例えば第1章で述べた会社の金庫の例では、自社が落ち目になると最終的には（上場会社として）誰も投資しないし銀行も貸さない……つまり空になるわけだが、今回の仕組みはそのリスクをもヘッジする（座組みとなっている）。なぜなら子会社の業績が良好であれば、（親会社がどうであれ）理論上半永久的に配当金は入るからだ。更に親会社や海外子会社の株主に「配偶者」や「子供」（相続人候補）を入れればたとえ自分が死亡しても（業績さえ良好であれば子会社からの）配当は続くのだ……。

※所感として

「はじめに」で「3年後には持分換算すると（日本側の資産は）1372億円になる！……」というコメントをしたがそれはこのカラクリのことだったのだ。

海外の上場（同業）会社（梁山泊）が日本に来た。そして「一緒に地元の香港で持株会社を作り、その会社を上場させないか？」と、日本の赤字ベンチャー会社に提案した。因みにこの梁山泊は自国で約７００棟の病院（に出資している）のオーナー会社でもあったのだが、「上場後3年で（その子会社の）企業価値は２８００億円になるだろう……」とはこの梁山泊とタイアップし海外展開すればそうなるだろう。とのプロポーザル（日本側にこの共同持株〈子〉会社の49％の株主にならないか？……という）だったのだ。

例えば、これを前述の「ミシュランレストラン」と日本の（見たこともない）「素材の提供会社」の例に置き換えるとするならば、この見たこともない素材の「専門店（法人）」を香港で一緒に作らないか？それにより自分は地の利のある地元の（アジア全域）マーケットで営業展開することで、全てがうまくいけばその専門店（法人）の企業価値を（ＩＰＯすることで）子会社設立後3年で２８００億円にできるだろう……というミシュラン側からの試算だったのだ。

ご参考までに、この梁山泊と日本のバイオ会社のプレゼンは、それまでたった2回だけ（両方とも香港）だった。つまり3回目の会合が（前述の）初来日のデューデリ時で、その期間中にこのようなプロポーザルをしたのだった……。

前述のように海外子会社にする「税法上」のメリットは大きいのだ。が、このように「梁山泊」が付くことで中小企業やベンチャー企業でも「大手と同じ戦略」でいけるようになるのだ。それどころか我々の仕組みは、梁山泊がハイスペックで、且つ頑張ってくれればどんどんお互いの「共同持株」子会社のスケールも大きくなる……結果として日本の親会社の収益もどんどん大きくなる……つまりこのように現地での上場企業である梁山泊（例えば自らも７００棟もの病院の大口株主だったり）が海外展開することにより、日本の大手企業と同等以上のレベルの額の配当金を毎年海外子会社から（その子会社の設備投資実質ゼロにも関わらず……）受け取れる可能性があるわけなのだ。

⑽　なぜ海外での資金調達が成功してしまうか？ 異変　その⑩

■「海外ではＩＰＯ申請のコストも調達できるか？」のリアル

ＩＰＯでの資金調達は海外の方が容易になるケースが多い。という点について様々な角度から検証してきた。が、その場合のＩＰＯ申請にかかる「諸々のコスト負担」については一般的にどうなるのか？ 結論的に申し上げると、今までの経験ではそのコストも（香港の）投資家が負担する可能性は高い。（当然その費用負担額以上のリターンが見込まれるだろう……と投資銀行側が判断した場合になるが）前述した「ＶＩＰ待遇」とはそういう意味なのだ。が、だからといってゼロにはならないし、またゼロにするような交渉もお勧めしない。なぜなら投資家や梁山泊は、（ＩＰＯ予定の）発行会社と一緒にリスクを背負っている……（という気概を持ち通じ合っている……）という認識が強いからだ。この辺りは日本でも原理原則は同じかと思う。例えば日本のＶＣや銀行も、本人自らがリスクマネーを入れなければ投資も融資も成約することは原則ないのと同じだ。

一方で交渉によって負担金額を限りなく小さくすることは経験上できる。一例を挙げれば、（子会社の）持株比率を変えたり、前述のように収益の分配に優先性を持たせたり……などはよく使う交渉方法だ。因みに第2章で挙げた経営赤字で資金がないはずの会社がなぜ海外ではスイスイとＩＰＯできているのか？……そのカラクリもこれ（ＶＩＰ待遇を受けたから）だ。（海外市場でのトライアングル内の）名の知れた投資銀行やＶＣであれば、プレゼン中に大化けしそう（大型案件になりそう）な匂いはすぐ感じ取ってしまう。つまり、その場で口頭オファーを入れないと（ぐずぐずしていると）逃してしまう……（よって上場コストもこちら側で負担すべきかもしれない……）と。

※所感として
日本ではありえない話かもしれないが、これが彼らの心理状態でもあるのだ。巨大マネーが供給されている頂点のトライアングル（ビッグ２）は、ビッグ２の中で更にこのような競争原理が働いているのだ。

第7章　これが海外発投資銀行を落とすプレゼン交渉の全工程だ！

「海外の巨大投資銀行」―VS―「日本の匠中小（ベンチャー）会社」……この両者は私が思うに現時点においての「世界最強タッグ」を組むことができるか？それともこのまま「他人同士」で終わってしまうのか？……この価値観や規模を異にする二つの「勢力」について様々な角度から論じてきたつもりだ。本章では最後に、香港の投資銀行や梁山泊と自分が実際に行なってきた（「はじめに」の頁でコメントした）日本の某赤字バイオ系ベンチャー会社のIPO（による巨額資金調達を合意させた）交渉をベースにした一般的な流れ及び（それぞれの工程での）ポイントについて解説してみたい。

■工程①　交渉の「前」にすべきこと

「プレゼン資料」の準備の重要性及び（認識すべき）ポイント

- 投資銀行との交渉は「一発勝負」であること
- 持ち時間は「一時間」しかないこと

●相手は我々のことを知らない（信頼関係もまだない）ということ

この状態でプレゼン実施の一時間後に口頭（大筋）合意までどうやって持ち込むのか？……これが（代理プレゼンを英語にて行なう）私のミッションになるのだが、結論から先に申し上げると、「プレゼンの出来具合が全て」だと経験上そう思っている。プレゼンは面白い。なぜならどこをどう強調するかで相手が受ける印象は全く違うものになるからだ。が、反面恐ろしくもある。なぜなら見当違いなコンテンツの場合、全くの空振りにもなりうるからだ……。よって落とすプレゼンにするために（私は）クライアントとの密な打ち合わせが重要になるわけだ。例えるならば、いろいろな「材料」があれば、いろいろな「料理」ができる。というのと同じで、クライアントからの（たとえ些細な点であったにしても）自分と共有される情報量は多ければ多いほど、結果的に（投資銀行に）いろいろな提案が可能になる。が、あくまで忘れてならないポイント（命題）は出来上がった料理（プレゼン内容）を「投資家が」どう評価するか？だ。つまり自分たちは「素晴らしい」と思っても、相手がそう思わなければその料理には価値がない……となってしまうわけだ。

一見「当たり前」なことのように思われるかもしれないが、私は前記のような「プレゼン戦略」の概念や重要性を毎回クライアントに説明し、なぜこのような密な事前打ち合わせが必要なのか理解してもらうのだが……往々にして、それによって出来上がった最終版（のプレゼン）資料は、最初にクライアントから（私が）受けたヒアリング内容（つまり最初にクライアントが私を投資銀行と見立ててプレゼンしていた内容）とは、似ても似つかないものになった……つまり、お出しする料理のお品書き（実際の投資銀行へのプレゼン内容）は、最初クライアントが想定していたものとはかなり違うコンテンツ構成になった……と、そんなことは決して少なくないのだ。

　尚、投資家へのプレゼンだが、「一般的」な資金調達のケースと「ＩＰＯ」を通した調達のケースとではその調理方法は前述の通り異なることが多い。例えば「一般的」なプレゼンの場合は、「リターンは大きくリスクは小さい」……という「結論」から入り、その裏付けをプレゼンで立証していく……という流れに通常はなるのだが、「ＩＰＯ」の場合、基本的なゴール設定は同じだが、ゴール（実際の資金調達）までの道筋はしばしば異なる。なぜなら「ＩＰＯ」の場合、彼らは梁山泊を付けてくるのが一般的だからだ。よって、我々のプレゼンも往々にして「最初から梁山泊ありき」の（プレゼン）内容となる。例えば日本のクライアント企業の扱っているアイテムやビジネスモデルはそれぞれ違う。また、取り扱うアイテムも日本では単一マーケットでの単一の商品やサービス（という現状）かもしれない。が、それはあくまで「日本での」マーケット戦略の話であり、嗜好性の違いや市場の大きな海外の場合、（「地元マーケットを知り尽くしている」）「梁山泊が推奨する経営戦略」次第で日本とは異なるマーケット、異なるセグメントに落とし込める……そんなケースは少なくないのだ。

　一方で投資銀行は、あくまでも「投資」のプロで無数の梁山泊を束ねているチームリーダーではあるが、（例えばバイオなどの）他の業界に精通しているわけではない。よってここで重要になる考え方は、投資銀行には「このプロジェクトは大化けするかもしれない……」と感じてもらうことのみを目的にすべきだ。という点だ。つまり、あまり「詰め込み」過ぎるプレゼン内容にしてはいけない。ということだ。

くどいようだが投資銀行からの全面協力の意思表示。これなくして次のステップ（つまり梁山泊の紹介）もない。よって、「最初のプレゼン内容」は本当に「大化けしそうだ……と感じてもらう」という点を「ゴール」に設定し様々な角度から既存事実や日本での過去の事例などをどんどん紹介することにより立証することがメインとなる。

因みに大化け必至?をどうやって証明するか?はケースにもよるが、さほど難しくない。なぜなら日本で既に成功しているマーケッティング戦略をそのままお披露目すればいいからだ。原則、これと「同じ成功戦略」をアジアマーケット全域で行なえば、人口比率的にも（日本での）10から15倍の売り上げになるだろう……という感じだ。このようなエビデンスをまずは（できる限り多く且つシンプルに）まとめることによりプレゼン資料の骨子は出来上がっていく。

※所感として

これでお分かりの通り、日本での成功戦略のお披露目とは、これと「同じ戦略」をあなたたちは「アジア全域」で（遂行）できますか?との我々からの「問いかけ」にもなっているのだ。

これにより投資家は腹落ちする。なるほど……技術的な点はとりあえず抜きにして、要するに我々はアジア全域でガンガン営業できる（力を持つ）梁山泊（実績のある上場会社）を集めればいいわけか……と。（詰め込み過ぎないように）私は通常最初のプレゼンはわざと「この段階」で終わらせるようにしている。

※因みに（持ち株）100％子会社の設立準備はいつ必要か？海外子会社のメリットは前述した通りだが、理由は後述するがこの段階ではまだ設立（用意）する必要はない。

■工程② プレゼン・インプリメンテーション（実行）←

私の今までの経験上、投資銀行とのプレゼンは1回の香港出張で大体5社程度、1社につき1時間。というのが一般的だ（コロナの影響で現在はズームを使用中）。最初のプレゼンの「スタート」は特に重要だ。なぜなら「第一印象」でこちらのイメージはほぼ固まってしまうからだ。よって、私はこのような常套句から始めることが多い。

「私たちはＩＰＯをするために香港に来ました。なぜならそれ（ＩＰＯ）により大きな資金調達ができると思うからです」……というイントロダクションだ。ＩＰＯが彼らにとっての一番の大好物であることは前述の通りだ。

「また、実績のある大手の同業他社（梁山泊）とタイアップしたいと考えている。なぜならそれによりＩＰＯ（のパフォーマンス）を最大化できると思うからです。よって、もし御行の方で、『投資』と力のある『同業他社の紹介』の双方可能であれば、お互いより大きな成功になると確信しています」……と、この二点を申し上げることが多い。

解説してきた通り、梁山泊とのシナジー戦略は投資銀行が請け負うＩＰＯを大型化させる（よって彼らのコミッションも高まる）常套手段なのだが、これにより彼らも、なぜ梁山泊を紹介するのか？について我々に説明する手間も省けるわけだ。

※因みに、この「入り方」をすることで、投資銀行やＶＣ側はなぜ自分たちの（梁山泊）戦略を知っているんだ？ひょっとして同業者か？……と感じることだろう。いずれにしてもそれならお互い（プロ同士）話が早い……と、好印象を持つことは経験上間違いない。

我々のプレゼン戦略のもう一つの特徴は、チーム内のパートナー弁護士（前述した私の相方で香港証券協会の顧問弁護士でもありチーム内では、香港側の投資銀行やＶＣなどの取りまとめ担当）が彼ら（香港の主な投資銀行やＶＣ）に「事前プレゼン」する。という点だ。つまりこの（事前プレゼンの）時点でもし（投資銀行側は）興味を示さなかった……となれば、（初めから）その投資銀行は本プレゼンに来ることもなく、よって「本番プレゼン実施」とはそういう意味では内容を単純に知りたい。というよりも、彼ら側からすると、内容は一応理解した。あとは（実際にこの座組みを一緒に進める上で）お互いに波長が合うか？本当に梁山泊を紹介して問題ないか?……といった（ビジネスモデルを詳しく確認する。という点も勿論あるが）「社長の人となり」を観察するような感じでもある。

　このように半ば成功が約束?されているようなセッティングで、更に前述のような大化けしそうなプレゼンをするとどうなるか?……彼らにとって我々は外国からの来訪者でしかも新顔であるにもかかわらず、「最優先事案リスト」に最初から組み入れられることを意味する。1時間というプレゼンではあるが、終了後「とても興味がある。お互い守秘義務契約後、さらに詳しい資料（エビデンス）を拝見したい……」。ほとんどのケースでこんな感じのフィードバックをしてくる。

■工程③　一旦、日本に帰国 ←

　投資銀行側と守秘義務契約を交わし、実務的な資料のやり取りなど（パートナー弁護士を通して）メールでのやりとりが始まる。最初のプレゼンでいきなり彼ら（投資銀行）の最優先リストに入った……この段階で既にある程度成約は見えた。といえるのだが、成約する（してしまう）もう一つの隠れた理由は、このようにこの工程ですかさず弁護士を使う（しかもタダの弁護士ではない。彼らの母国の証券協会の顧問弁護士に日本側企業の顧問弁護士になってもらう）からだ。と私は思っている。

　通常の交渉事の場合、弁護士はお互い合意事項が固まった「後」に、契約書作成の際になってから（使うもの）なのだが、それではなぜ我々はこの段階で使うのか？それは、我々はこの段階で既に（ここまでの交渉内容については双方全て）「合意済み」だ。という認識でいるから（つまり詳細確認後問題ないようなら投資したい。と投資銀行側は既に意思表示しているから）に他ならない。つまり、契約書の「ドラフト」作成に入らないと間に合わないのだ。相手も上場会社、当然顧問弁護士を経由し両社の決定（合意）事項は（こんな具合に）どんどん（双方の弁護士を通じて）書面化されていく。不思議なことにこのように「儀式化」（フォーマット化）すればするほど成約になるものなのだ。

　また、この段階で初めて「子会社」の提案をするようになる。なぜなら最初のプレゼンで子会社の提案までですると論点が多すぎてブレることがあるからだ。よって、まずは、案件の内容について充分腹落ちしてもらい、興味があるようであれば、（この段階で）投資銀行側も平行して複数の梁山泊（候補）とコンタクトを取り始める。前述の通り、こちらは「Ｍａｄｅ ｉｎ Ｊａｐａｎ」だ。製品力には自信がある。ので、梁山泊と打ち合わせしてもらうことで案の定投資銀行側も成功を確信するようになる……。よって「子会社」上場という座組み（の提案）でも余程それによりＩＰＯの条件を悪化させてしまう（あるいは満たさなくなってしまう……）などの大きな理由がない限り通常はそれにより覆ることはない。またその後３社の間で子会社を共同持株会社化する。という点も前述の通りだ。

■工程④　２回目の香港出張←

この段階で投資銀行は、日本のクライアントの香港での同業大手（つまり梁山泊）を同席させることが多い。当然、梁山泊は投資銀行から無数のヒアリングを受けており前向きに考えている。つまり初対面ではあるものの、既にタイアップしたい……と検討しているからこそ出席しているわけだ。こちら側も梁山泊の実績やパイプライン規模、シナジーした場合の成長戦略……等々の確認を「本人」（梁山泊の代表）から直接ヒアリングができる。つまり、ここからは投資銀行ではなく、メインは梁山泊との「実務面」の打ち合わせとなる。

■工程⑤　梁山泊との質疑応答

日本帰国後、梁山泊とも守秘義務契約を締結し、質疑応答を（梁山泊と）進める。問題がなければデューデリ（来日）日程を決める。デューデリ日程が確定したらディール成約となる可能性は高い。なぜなら梁山泊は基本そのため「だけ」に来日するからだ。ということは、「こちらの条件を飲む」用意が既にある。ことを意味する。また、梁山泊を紹介した投資銀行も、梁山泊が海外経営するならば大化けするだろう……と想定している。よって（それにより大きく稼げる）投資銀行側も支援を惜しむことはない。つまり尚更成約する可能性は高くなる。

■工程⑥　デューデリ遂行（梁山泊来日）←

デューデリのメインの目的は投資案件を「目視」確認してもらうことだ。因みに目視確認してもらうのは、投資案件だけではないケースもある。これは以前にあったケースだが、例えばあるバイオ関連企業梁山泊にとっては、今回のように「日本の企業」と初めてタイアップすることで、今までやりたくてもできなかったその他の副次的なビジネスモデルの構築も「日本」でローンチ（具現化）できるかもしれない……と考えるのは自然の流れだろう。

一例を挙げれば、「医療ツーリズム」などである。当然バイオ企業にとって（医療ツアーは）本業ではない。が、日本側と打ち合わせを重ね、お互いのビジネスモデルや力量をより理解することで、「ところで御社ではこんなことは可能ですか？」……と周辺ビジネスモデルの打診をしてくることは少なくないのだ。当然成功すればＩＰＯする上での業績にもなりうるわけで、つまり双方のメリットになるわけだ。よって、デューデリではそんな「副次的」なビジネスインフラの目視確認も同時に行なうのが一般的だ。

■工程⑦　梁山泊帰国、正式オファー←

正式オファーが来たら「それぞれ」の出資条件の整理及び「リスト化」する。今回のＩＰ

〇（での資金調達）スキームは梁山泊という経営パートナーもリンクしている。よって、「資本」と「経営」両方の政策のオファーとなる。資本とは投資マネー、経営とは実体経済で利益を出す。を意味することは前述した通りだ。が、前述した通り、既に大筋でお互い合意済みとなっている（双方の弁護士により書面化されている）ので、実際上は正式オファー（の内容）を今までの合意点と相違ないか？再度弁護士に確認してもらう……というスタンスとなる。が、ここで想像してみて欲しい。もし、「この段階」になってお互い初めて弁護士を入れて改めて資料作成依頼？……となったら……恐らく、座組みそのものを弁護士が理解するのでさえ膨大な時間がかかるだろうし、その後に資料作成となると一体どのくらい時間とコストがかかるか？……因みに、「弁護士を入れる（代理につける）」と梁山泊や投資銀行との「直接」対話（無論メールなども含めて）は原則としてできなくなる。つまり、相手の弁護士とのこちら側の弁護士同士のやり取りとなるわけなのだが……相手の弁護士も疑心暗鬼になり当然構える。結果として、せっかくの合意事項は（莫大な弁護士料だけ払って、結局）白紙撤回となることは充分ありえるのだ。

尚、ここでは簡素化したが、デューデリ依頼が複数社になる（つまり梁山泊候補が複数社になる）ケースはありうるし、その場合、提示してくる条件（オファー内容）も各々当然違ってくる。つまりこちら側は、「どこ」と「どう」組むのがベストなのか？……となるのだが、その場合よく誤解されるのだが、どこか一社だけを選ばなくてはならない？ということは必ずしもない。ビジネスはゼロサムゲームにはならず、取引である以上、お互いが「勝者」になれる。例えば今回のケースではＩＰＯ成功がお互いの目的だ。よって業績を高めることで（ＩＰＯ後金融マーケットで）たくさん自社株を買ってもらえる状態にしたい。従って、（上場）主幹事となる投資銀行は実績のある「大手」の方が望ましい。が、更に望ましいのは、前述したようにそんな大手や著名な（個人を含む）投資家などが複数名、名を連ねている……という「シンジケート団」のスタイルだ。

もう一つのチェックポイントは、「実体経済」担当大臣つまり梁山泊（の配置）だ。

投資銀行にも（同じ大手でも）力のある「エリア」だったりあるいは「ネット」（販売）で強い……など長所短所の色分けができるが、この点は梁山泊選定も同じ発想だ。よって梁山泊も、それぞれ強みを分析することで「エリア」や「マーケティング」など分業制にすることでシナジー効果を最大化できればお互いより望ましいわけだ。よって複数のオファーが来たらそのような観点で最終的な色分けをすることをお勧めする。

ご参考までに、事前交渉の段階で日本側は、（ＩＰＯ前にある程度「次世代商品の開発」……などで）まとまった資金が欲しい……となるケースも多い。この辺り（我々はこれをプレＩＰＯコストと呼んでいる）は契約条件として事前交渉で既に合意済みとなっている（だから話が前に進んだ）わけだが、実際にどのタイミングで、どのような勘定項目に入金するか？など、香港のＩＰＯ法令に抵触することのないよう（資本と経営の最終的な政策決定をする際に）同時に双方の弁護士など専門家を通して最終確定させる。

■最終工程　座組みの最終決定、ＩＰＯ遂行（主幹事投資銀行による目論見書の作成及び申請へ）

※まとめ

実際のＩＰＯ業務の実務面については多くの書物が既に出版されているので、手続きなどについてはそちらに譲りたい。

また前記の工程内容は分かりやすくするために非常に簡素化したもので、実際はもっと登場人物は多い。また、香港（証券取引所）には「メイン」と「ＧＥＭ」という二つの上場ボードがあり、「メイン」の中も更に二つに分かれている。因みにその内の一つが今回の例で取り上げた「18Ａ」と呼ばれているバイオ系（医薬品や農業、化学といったジャンルだけでなく、医療機器メーカーなどを含む……）企業の上場でこちらは一定の基準を満たせば製品化されていなくても（赤字でも）申請でき、最短８ヶ月で認可されることは前述した通りだ。よって、どちらの道に行くのかによって必要条件は異なり、前述したプレゼンスタイルやその後の進め方、成長戦略なども自ずと異なってくるのでご了承願いたい。

また著書内で案内している各種データ並びに法律、法令なども、執筆中のものであり、将来変更になる可能性もありますので、その点も随時専門家などからアドバイスを基に進めることを推奨したい。

おわりに

まずは最後までお読み下さり、心から感謝申し上げたい。

「日本の中小企業ベンチャー企業の将来は明るい……」

私は海外（米国）で大学生活を送り、その後20代で再度海外（米国）に渡り起業した。それ以来永住権を取得し約20年に亘り現在まで自社（コンサルティングファーム）の代表として約２０００社の米国法人を日本の起業家さん対象に設立してきた。私はそんな２０００社のクライアント（海外志向の強い投資家でもある）の方々と、共同で海外企業の買収やその後の経営、（管理）あるいは米国不動産投資、上海での日本企業の上場、そして著書にてコメントしてきたように最近では香港の国際法律事務所の日本側のパートナー（共同オーナー兼代表）……などベンチャー企業の支援を「海外」で行なってきているのだが……その四半世紀もの間ずっとある点について「違和感」を覚えていた。

それは、日本の中小やベンチャー（特にモノ造り）企業の社長さんは皆素晴らしい方ばかりなのだが、一転して彼らの（ベンチャー）「企業（としての）価値」となると、海外のそれと比較してあまりに低すぎるのでは？……と。

日本のベンチャー企業の評価が低い？……海外で？いいや。地元「日本」で（の評価）だ！が、同時にこうも感じてきた。それは日本（国内）での評価に過ぎない。海外ではむしろ

「逆」だ……と。海外生活のご経験が少しでもある方ならお分かりの通り、「日本製」のブランド力や信頼度、品質の高さなど海外では常識なのだ。

それではなぜ日本の（特にモノ造り系）中小やベンチャー企業の評価は肝心の日本でここまで過小評価されているのか？……私はそれ以来、様々な業界の自分の日本のクライアント（ほぼ全てベンチャー会社）を引き連れ、海外（香港）の投資銀行やＶＣと計２００回以上の本音バトルをすることになった。そしてその答え（をまとめた内容）が「拙著」。となったわけなのだが、より端的にお答えするならば、「なぜなら今まで、日本の中小（ベンチャー）企業の多くは、海外の投資銀行との出会いがなかったから」……と、なんと（理由は）それだけのことだったのだ……。

そう。「日本の中小やベンチャー企業の将来はどうしようもないほど明るい……」。これは当時プレゼンする中での海外投資家ほぼ全員からの（私たち日本のベンチャー企業の代表への共通した）評価であり発言だったのだ。

この意見が未来永劫絶対正しい。というつもりは毛頭ない。ましてや新たな冷戦時代が始まろうとしている現在、海外の情勢は日々変化している……そう考えた場合、この戦略とて、いつまで実行可能なのかは誰にも分からない。が、それでも（私が実際に体験してきた）今海外で起こっている事実を知ってもらうことは、日本で頑張っている中小やベンチャー企業経営者さんにとって多少なりともプラスに作用するように思えたし、実際、著書執筆中に日本の金融庁は金融商品取引法の内閣府令を改正し、（付帯条件はあるものの）香港の投資銀行やVCなどが日本で営業する上で必要となる金融商品取引業の登録を最短3日で承認する。と公式発表した。

これにより著書内で記した香港の大手投資銀行やVC、プライベート・エクイティー・ファンド、あるいは梁山泊までもが（日本でこの特例を使い）直接日本の企業と契約できる日が来るかもしれない……。禍福は糾える縄の如し……と将来的に日本での起業が少しでも増加することで元気で活気ある社会に戻ってくれるならば筆者としてこれ以上の喜びはない。

最後に、元就出版社の濵社長には今回も大変お世話になりました。濵社長の多大なるご協力なくして著書が世に出ることはありませんでした。

改めて感謝の意を申し上げます。

Black Swan Guy 代表

附——参考資料①

参考資料①　香港証券取引所への18Aバイオ関連（機器メーカー含む）IPOの申請資料

※所感として

●このように呆れるほどシンプル（何とA4、7枚）

●R&D段階（要するに製品化する前の段階）でも申請可能という内容を確認することができる。

Chapter 18A

EQUITY SECURITIES

BIOTECH COMPANIES

Scope

This Chapter sets out additional listing conditions, disclosure requirements and continuing obligations for Biotech Companies that seek to list on the basis that they are unable to satisfy either the profit test in rule 8.05(1), the market capitalisation/revenue/cash flow test in rule 8.05(2), or the market capitalization/revenue test in rules 8.05(3).

Issuers are encouraged to contact the Exchange if they envisage any difficulties in complying fully with the relevant requirements.

DEFINITIONS AND INTERPRETATION

18A.01 For the purposes of this Chapter unless otherwise stated or the context otherwise requires the following terms have the meanings set out below:—

"Approved Product"	a Biotech Product which has been approved for commercialisation by a Competent Authority.
"Biotech"	the application of science and technology to produce commercial products with a medical or other biological application.
"Biotech Company"	A company primarily engaged in the research and development, application and commercialisation of Biotech Products.
"Biotech Product"	Biotech products, processes or technologies
"Competent Authority"	the US Food and Drug Administration, the China Food and Drug Administration, the European Medicines Agency. The Exchange may, at its discretion, recognise another national or supranational authority as a Competent Authority for the purposes of this Chapter in individual cases (depending on the nature of the Biotech Product).

"Core Product"	A Regulated Product that (alone or together with other Regulated Products) forms the basis of a Biotech Company's listing application under this chapter.
"Cornerstone Investor"	An investor in the initial public offering of a new applicant's shares to whom offer shares are preferentially placed with a guaranteed allocation irrespective of the final offer price, usually for the purpose of signifying that the investor has confidence in the financial condition and future prospects of the new applicant.
"Regulated Product"	A Biotech Product that is required by applicable laws, rules or regulations to be evaluated and approved by a Competent Authority based on data derived from clinical trials (i.e. on human subjects) before it could be marketed and sold in the market regulated by that Competent Authority.

CONDITIONS FOR LISTING OF BIOTECH COMPANIES

18A.02 An applicant that has applied for listing under this Chapter must, in addition to satisfying the requirements of this Chapter, also satisfy the requirements of Chapter 8 (other than rules 8.05, 8.05A, 8.05B and 8.05C).

18A.03 An applicant that has applied for listing under this Chapter must:—

(1) demonstrate to the Exchange's satisfaction that it is both eligible and suitable for listing as a Biotech Company;

(2) have an initial market capitalisation at the time of listing of at least HK$1,500,000,000;

(3) have been in operation in its current line of business for at least two financial years prior to listing under substantially the same management; and

(4) ensure that it has available sufficient working capital to cover at least 125% of the group's costs for at least 12 months from the date of publication of its listing document (after taking into account the proceeds of the new applicant's initial listing). These costs must substantially consist of the following:—

(a) general, administrative and operating costs (including any production costs); and

(b) research and development costs.

Note 1: The Exchange would expect that the issuer would use a substantive portion of the proceeds from its initial listing to cover these costs.

Note 2: Capital expenditures do not need to be included in the calculation of working capital requirements for the purpose of this rule. However, where capital expenditures are financed out of borrowings, relevant interest and loan repayments must be included in the calculation. For the avoidance of doubt, Biotech Companies must include research and development costs, irrespective of whether they are capitalised, in the calculation of working capital requirements for the purpose of this rule.

CONTENTS OF LISTING DOCUMENTS FOR BIOTECH COMPANIES

18A.04 In addition to the information set out in Appendix 1A, a Biotech Company must disclose in its listing document:—

(1) its strategic objectives;

(2) the details of each Core Product, including:

(a) a description of the Core Product;

(b) details of any relevant regulatory approval required and/or obtained for each Core Product;

(c) summary of material communications with the relevant Competent Authority in relation to the its Core Product(s) (unless such disclosure is not permitted under applicable laws or regulations, or the directions of the Competent Authority);

(d) the stage of research and development for each Core Product;

(e) development details by key stages and its requirements for each Core Product to reach commercialisation, and a general indication of the likely timeframe, if the development is successful, for the product to reach commercialisation;

(f) all material safety data relating to its Core Product(s), including any serious adverse events;

(g) a description of the immediate market opportunity of each Core Product if it proceeds to commercialisation and any potential increased market opportunity in the future (including a general description of the competition in the potential market);

(h) details of any patent(s) granted and applied for in relation to the Core Product(s) (unless the applicant is able to demonstrate to the satisfaction of the Exchange that such disclosure would require the applicant to disclose highly sensitive commercial information), or an appropriate negative statement;

(i) in the case of a Core Product which is biologics, disclosure of planned capacity and production related technology details; and

(j) to the extent that any Core Product is in-licensed, a clear statement of the issuer's material rights and obligations under the applicable licensing agreement;

(3) a statement that no material unexpected or adverse changes have occurred since the date of issue of the relevant regulatory approval for a Core Product (if any). Where there are material changes, these must be prominently disclosed;

(4) a description of Approved Products (if any) owned by the applicant and the length of unexpired patent protection period and details of current and expected market competitors;

(5) details of the Biotech Company's research and development experience, including:

(a) details of its operations in laboratory research and development;

(b) the collective expertise and experience of key management and technical staff; and

(c) its collaborative development and research agreements;

(6) details of the relevant experience of the Biotech Company's directors and senior management in the research and development, manufacturing and commercialisation of Biotech Products;

(7) the salient terms of any service agreements between the applicant and its key management and technical staff;

(8) measures (if any) that the applicant has in place to retain key management or technical staff (for example incentivisation arrangements and/or non-compete clauses), and the safeguards and arrangements that the applicant has in place, in the event of the departure of any of its key management or technical staff;

(9) a statement of any legal claims or proceedings that may have an influence on its research and development for any Core Product;

(10) disclosure of specific risks, general risks and dependencies, including:

(a) potential risks in clinical trials;

(b) risks associated with the approval process for its Core Product(s); and

(c) the extent to which its business is dependent on key individuals and the impact of the departure of key management or technical staff on the applicant's business and operations;

(11) if relevant and material to the Biotech Company's business operations, information on the following:—

(a) project risks arising from environmental, social, and health and safety issues;

(b) compliance with host country laws, regulations and permits, and payments made to host country governments in respect of tax, royalties and other significant payments on a country by country basis;

(c) its historical experience of dealing with host country laws and practices, including management of differences between national and local practice; and

(d) its historical experience of dealing with the concerns of local governments and communities on the sites of its research and trials, and relevant management arrangements;

(12) an estimate of cash operating costs, including costs relating to research and development and clinical trials incurred in the development of the Core Product and costs associated with:—

(a) workforce employment;

(b) direct production costs, including materials (if it has commenced production);

(c) research and development;

(d) product marketing (if any);

(e) non-income taxes, royalties and other governmental charges (if any);

(f) contingency allowances; and

(g) any other significant costs; and

Note: A Biotech Company must:

- *set out the components of cash operating costs separately by category;*
- *explain the reason for any departure from the list of items to be included under cash operating costs; and*
- *discuss any material cost items that should be highlighted to investors.*

(13) if the applicant has obtained an expert technical assessment and where relevant and appropriate, include such assessment in its listing document.

18A.05 A Biotech Company must, in respect of each Core Product, prominently disclose to investors a warning that the relevant Core Product may not ultimately be successfully developed and marketed.

18A.06 A Biotech Company must comply with rule 4.04 modified so that references to "three financial years" or "three years" in that rule shall instead reference to "two financial years" or "two years", as the case may be.

CORNERSTONE INVESTORS

18A.07. A Biotech Company seeking an initial listing under this chapter must, in addition to meeting the requirements of Rule 8.08(1), ensure that a portion of the total number of its issued shares with a market capitalisation of at least HK$375 million are held by the public at the time of its initial listing. Any shares allocated to a Cornerstone Investor and any shares subscribed by existing shareholders of the Biotech Company at the time of listing shall not be considered as held by the public for the purpose of this rule 18A.07.

CONTINUING OBLIGATIONS

Disclosure in Reports

18A.08 A Biotech Company must include in its interim (half-yearly) and annual reports details of its research and development activities during the period under review, including:

(1) details of the key stages for each of its Core Products under development to reach commercialisation, and a general indication of the likely timeframe, if the development is successful, for the Core Product to reach commercialisation;

(2) a summary of expenditure incurred on its research and development activities; and

(3) a prominently disclosed warning that a Core Product may not ultimately be successfully developed and marketed.

Note: Details to be disclosed should be in line with those disclosed in the listing document of the Biotech Company under rules 18A.04 and 18A.05.

Sufficient Operations

18A.09 Where the Exchange considers that a Biotech Company listed under this chapter fails to comply with rule 13.24, the Exchange may suspend dealings or cancel the listing of its securities under rule 6.01. The Exchange may also under rule 6.10 give the relevant issuer a period of not more than 12 months to re-comply with rule 13.24. If the relevant issuer fails to re-comply with rule 13.24 within such period, the Exchange will cancel the listing.

Material Changes

18A.10 Without the prior consent of the Exchange, a Biotech Company listed under this chapter must not effect any acquisition, disposal or other transaction or arrangement or a series of acquisitions, disposals or other transactions or arrangements, which would result in a fundamental change in the principal business activities of the relevant issuer as described in the listing document issued at the time of its application for listing.

Stock Marker

18A.11 The listed equity securities of a Biotech Company listed under this chapter must have a stock name that ends with the marker "B".

Dis-application of rules 18A.09 to 18A.11

18A.12 Upon application by the listed Biotech Company and demonstration to the Exchange's satisfaction that it is able to meet the requirements of rule 8.05, rules 18A.09 to 18A.11 do not apply to a Biotech Company listed under this chapter.

附——参考資料②

参考資料②　香港証券取引所への18Aバイオ関連（機器メーカー含む）IPOの申請資料（2020年修正法版）

※所感として

こちらは前述資料の修正版だが、このようにどんどん条件が緩和されている。（今世界中でこのように有望企業の「青田刈り」現象が起こっている……）

尚、こちらの3.2（g）の最初の行にある「meaningful third party」（重要な第三者の投資家）が著書内で解説してきた「梁山泊」のこと。梁山泊自身が既に投資家であること。が香港ではIPOの条件に初めからなっている。

（要するに重要な投資家が「自ら」も投資するのであれば、IPO後、間違いなく成長するだろう……という点を結果的に証券取引所が担保させているのだ）

HKEX GUIDANCE LETTER
HKEX-GL92-18 (April 2018) (Updated in October 2019 and April 2020)

Subject	**Suitability for Listing of Biotech Companies**
Listing Rules and Regulations	**Main Board Listing Rules 9.09, 14.20 and 18A.03(1), and Practice Note 18 to Main Board Listing Rules**
Related Publications	**Guidance Letter HKEX-GL43-12 – Guidance on Pre-IPO investments ("GL43-12")** **Guidance Letter HKEX-GL85-16 – Guidance on Placing to connected clients, and existing shareholders or their close associates, under the Rules ("GL85-16")** **Guidance Letter HKEX-GL107-20 – Guidance on Disclosure in listing documents for Biotech Companies ("GL107-20")**
Author	**IPO Vetting, Listing Division**

Important note: *This letter does not override the Listing Rules and is not a substitute for advice from qualified professional advisers. If there is any conflict or inconsistency between this letter and the Listing Rules, the Listing Rules prevail. You may consult the Listing Division on a confidential basis for an interpretation of the Listing Rules, or this letter. Unless otherwise specified, defined terms in the Listing Rules shall have the same meanings in this letter.*

1. Purpose

1.1 This letter provides guidance on the factors that the Exchange will take into account when considering whether an applicant is suitable for listing under Chapter 18A of the Main Board Rules ("**Chapter 18A**") and, after its listing, the application of certain rules on notifiable transactions and connected transactions to such issuers listed under Chapter 18A.

2. Relevant Listing Rules

2.1 Main Board Listing Rule 14.20 states that where any calculation of the percentage ratio produces an anomalous result or is inappropriate to the sphere of activity of the listed issuer, the listed issuer may apply to the Exchange to disregard the calculation and /or apply other relevant indicators of size, including industry specific test(s). The listed issuer must seek prior consent of the Exchange if it wishes to apply this rule and must provide alternative test(s) which it considers appropriate to the Exchange for consideration. The Exchange may also require the listed issuer to apply other size test(s) that the Exchange considers appropriate.

2.2 Main Board Listing Rule 18A.03(1) states that an applicant that has applied for listing under Chapter 18A must demonstrate to the Exchange's satisfaction that it is both eligible and suitable for listing as a Biotech Company.

3. Suitability Criteria

3.1 An applicant applying for listing under Chapter 18A must meet the definition of a Biotech Company as defined in that chapter.

3.2 A Biotech Company that does not meet either the profit test in Main Board Listing Rule 8.05(1), the market capitalisation/revenue/cash flow test in Main Board Listing Rule 8.05(2) or the market capitalisation/revenue test in Main Board Listing Rule 8.05(3) (together, the "**Financial Eligibility Tests**") for listing on The Stock Exchange of Hong Kong Limited could be permitted to list under Chapter 18A if it can demonstrate the following features:

(a) the Biotech Company must have developed at least one Core Product beyond the concept stage. The Exchange would consider a Core Product to have been developed beyond the concept stage if it has met the developmental milestones specified for the relevant type of product (see paragraph 3.3 below);

(b) it must have been primarily engaged in research and development ("**R&D**") for the purposes of developing its Core Product(s);

(c) it must have engaged in R&D of its Core Product(s) for a minimum of 12 months prior to listing. Non-exhaustive examples include the following:

(i) in the case of a Core Product which is in-licensed or acquired from third parties, the applicant must be able to demonstrate R&D progress since the in-licensing/acquisition. For example, the applicant's in-licensed or acquired products (1) progressed from preclinical stage to clinical stage, (2) progressed from one clinical phase to the next phase of clinical trial, or (3) obtained regulatory approval from the Competent Authority to market the Core Product; and

(ii) in the case of a Core Product which has been commercialised in a given market for specified indication(s) and the Biotech Company intends to apply a portion of the listing proceeds to, for example, (1) expand the indications of the commercialised Biotech Product, or (2) launch it in another market, the Exchange would expect further R&D expended on the Core Product in connection with the clinical trials required by the Competent Authority to either bring the Core Product for (1) a new indication; or (2) commercialisation in a new regulated market ***(Added in April 2020)***;

(d) it must have as its primary reason for listing raising funds for R&D to bring its

Core Product(s) to commercialisation. For Biotech Companies that develop medical devices which have a short development cycle, the Exchange may take into account these Biotech Companies' business plan and development stage of the pipeline products such that they may allocate a portion of listing proceeds to, for example, set up production facilities that will be primarily used for the manufacturing of Core Product(s) to bring it to commercialisation, and establish sales, marketing and medical teams to commercialise its Core Product(s) ***(Added in April 2020)***;

(e) it must have registered patent(s), patent application(s)[1] and/or intellectual property in relation to its Core Product(s);

(f) if the applicant is engaged in the R&D of pharmaceutical (small molecule drugs) products or biologic products, it must demonstrate that it has a pipeline ofthose potential products; and

(g) it must have previously received meaningful third party investment (being more than just a token investment) from at least one Sophisticated Investor at least six months before the date of the proposed listing (which must remain at IPO). This factor is intended to demonstrate that a reasonable degree of market acceptance exists for the applicant's R&D and Biotech Product. Where the applicant is a spin-off from a parent company, the Exchange may not require compliance with this factor if the applicant is able to otherwise demonstrate to the Exchange's satisfaction that a reasonable degree of market acceptance exists for its R&D and Biotech Product (for example, in the form of collaboration with other established R&D companies).

(i) The Exchange will assess whether an investor is a "Sophisticated Investor" for the purpose of applications for listing under Chapter 18A on a case by case basis by reference to factors such as net assets or assets under management, relevant investment experience, and the investor's knowledge and expertise in the relevant field.

For this purpose, the Exchange would generally consider the following as examples, for illustrative purposes only, of types of Sophisticated Investor:

(1) a dedicated healthcare or Biotech fund or an established fund with a division/department that specialises or focuses on investments in the biopharmaceutical sector;

---

[1] For registered patents and applications, Rule 18A.04(2)(h) requires a Biotech Company to disclose in its listing document details of any patent(s) granted and applied for in relation to the Core Product(s) (unless the applicant is able to demonstrate to the satisfaction of the Exchange that such disclosure would require the applicant to disclose highly sensitive commercial information), or an appropriate negative statement ***(Added in April 2020)***.

(2) a major pharmaceutical/healthcare company;

(3) a venture capital fund of a major pharmaceutical/healthcare company; and

(4) an investor, investment fund or financial institution with minimum assets under management of HK$1 billion.

(ii) The Exchange will assess whether a third party investment is a meaningful investment in the circumstances on a case by case basis by reference to the nature of the investment, the amount invested, the size of the stake taken up and the timing of the investment. As an indicative benchmark the following investment amount will generally be considered as a "meaningful investment":

(1) for an applicant with a market capitalisation between HK$1.5 billion to HK$3 billion, an investment of not less than 5% of the issued share capital of the applicant at the time of listing;

(2) for an applicant with a market capitalisation between HK$3 billion to HK$8 billion, an investment of not less than 3% of the issued share capital of the applicant at the time of listing; and

(3) for an applicant with a market capitalisation of more than HK$8 billion, an investment of not less than 1% of the issued share capital of the applicant at the time of listing.

3.3 For the purpose of paragraph 3.2(a) above, the Exchange would consider the following to demonstrate that a Regulated Product has developed beyond the concept stage.

(a) Pharmaceutical (small molecule drugs)

(i) In the case of a Core Product that is a new pharmaceutical (small molecule drug) product, the applicant must demonstrate that it has completed Phase I[2] clinical trials and that the relevant Competent Authority has no objection for it to commence Phase II[3] (or later) clinical trials.

(ii) In the case of a Core Product that is a pharmaceutical (small molecule drug) product which is based on previously approved products (for

[2] Clinical trials on human subjects categorised as Phase I clinical trials by the FDA (or an equivalent process regulated by another Competent Authority). Where the applicant is conducting a combined clinical trial (for example a combined Phase I/Phase II clinical trial) the applicant will need to demonstrate to the Exchange's satisfaction that the safety profile of the combined clinical trial is at least equivalent to the completion of Phase I clinical trials.

[3] Clinical trials on human subjects categorised as Phase II clinical trials by the FDA (or an equivalent process regulated by another Competent Authority).

example, the 505(b)(2) application process of the US Food and Drug Administration ("**FDA**") in the US), the applicant must demonstrate that it has successfully completed at least one clinical trial conducted on human subjects, and the relevant Competent Authority has no objection for it to commence Phase II[3] (or later) clinical trials.

(iii) For an in-licensed or acquired Core Product, the Exchange expects the Biotech Company to complete at least one clinical trial regulated by the relevant Competent Authority on human subjects since the in-licensing or acquisition. If the applicant has not completed at least one clinical trial for the in-licensed or acquired Core Product, the Exchange will evaluate why no clinical trial has been completed and whether substantive R&D work and process(es) equivalent to the completion of one clinical trial on human subjects have been performed by the Biotech Company. The Exchange will not consider any administrative process as substantive R&D work and process(es) (***Added in April 2020***).

(b) Biologics

(i) In the case of a Core Product that is a new biologic product, the applicant must demonstrate that it has completed Phase I[2] clinical trials and the relevant Competent Authority has no objection for it to commence Phase II[3] (or later) clinical trials.

(ii) In the case of a Core Product that is a biosimilar, the applicant must demonstrate that it has completed at least one clinical trial conducted on human subjects, and the relevant Competent Authority has no objection for it to commence Phase II (or later) clinical trials to demonstrate bio-equivalency.

(iii) For an in-licensed or acquired Core Product, the Exchange has the same expectation as set out in paragraph 3.3(a)(iii) above ***(Added in April 2020)***.

(c) Medical devices (including diagnostics)

In the case of a Core Product that is a medical device (which includes diagnostic devices), the applicant must demonstrate that:

(i) the product is categorised as Class II medical device (under the classification criteria of the relevant Competent Authority) or above;

(ii) it has completed at least one clinical trial on human subjects (which will form a key part of the application required by the Competent Authority or the Authorised Institution[4]); and

(iii) either the Competent Authority or the Authorised Institution has endorsed or not expressed objection for the applicant to proceed to further clinical trials; or the Competent Authority (or, in the case of member(s) of the European Commission, an Authorised Institution) has no objection for the applicant to commence sales of the device.

3.4 Other Biotech Products

The Exchange will consider Biotech Products which do not fall into the categories set out in paragraph 3.3 on a case by case basis to determine if an applicant has demonstrated that the relevant Biotech Product has been developed beyond the concept stage by reference to, amongst other things, the factors described above in paragraph 3.3, and whether there is an appropriate framework or objective indicators for investors to make an informed investment decision regarding the listing applicant. A determination to accept such a listing application would be a modification that may only be made with the consent of the Securities and Futures Commission under Main Board Listing Rule 2.04. If the applicant is determined to be eligible for listing under Chapter 18A, references in this guidance letter and in Chapter 18A to "Core Products" shall be taken as referring to the Biotech Product of the applicant in question.

(a) The Exchange will categorise a Biotech Product as it is categorised by its Competent Authority. If a Biotech Product is regulated as a pharmaceutical, biologics, or medical device, a Biotech Company cannot re-classify such products as "Other Biotech Product" because it is unable to fulfil any of the requirements of the relevant category ***(Added in April 2020)***;

(b) Where there is no regulatory regime which sets out external milestones or an objective framework to assess the development progress, market and clinical relevance of a product under the "Other Biotech Product" category, the Exchange will consider, for example ***(Added in April 2020)***:

(i) the number, selection process and diversity of the test sampling population, and availability of data from pre-clinical and clinical trials;

(ii) time-frame and impediments to commercialisation;

---

[4] An institution, body or committee duly authorised or recognised by, or registered with, a Competent Authority or the European Commission for conducting, assessing and supervising clinical trials in the relevant clinical fields. The Exchange may, at its discretion, recognise another institution, body or committee as an Authorised Institution on a case by case basis.

(iii) whether the pre-clinical and clinical results have been published in medical/scientific journals. The Exchange will take into account the impact factor of the journals; and

(iv) where Competent Authorities have published relevant guidelines, their views and aspects of a comparable framework and/ or objective indicators of "Other Biotech Products".

3.5 Applicants should note that the factors set out in this section 3 are neither exhaustive nor **binding** and the Exchange will take into account all relevant circumstances in its assessment of the suitability of the applicant for listing.

4. Ownership continuity of a new applicant that is a Biotech Company

4.1 The Exchange will review any change in ownership of the applicant in the 12 months prior to the date of the listing application in assessing the suitability of the applicant for listing.

5. Subscription of shares by existing shareholders

5.1 Biotech Companies listed under Chapter 18A are expected to have significant ongoing funding needs in order to develop their Core Product to commercialisation. Existing investors in a Biotech Company are likely to have subscribed for shares in the company on the basis of their confidence in the company's prospects, and may wish to be able to continue to participate in the company's fundraisings to prevent a dilution to their shareholding. Historically, in the US, a significant majority of existing shareholders at IPO will continue to participate in the issuer's fundraisings post-IPO.

5.2 Given the likely significant funding needs of Biotech Companies and the importance of existing shareholders in meeting the funding needs of these companies, existing shareholders are allowed to participate in the IPO of a Biotech Company provided that the applicant complies with Main Board Listing Rules 8.08(1) and 18A.07 in relation to shares held by the public. For the avoidance of doubt, the Existing Shareholders Conditions in GL85-16 do not apply to Biotech Companies. For example:

(i) an existing shareholder holding less than 10% of shares in the Biotech Company may subscribe for shares in the IPO as either a cornerstone investor or as a placee. In the case of subscription as a placee, the applicant and its sponsor must confirm that no preference in allocation was given to the existing shareholder. In the case of subscription as a cornerstone investor, the applicant and its sponsor must confirm that no preference was given to the existing shareholder other than the preferential treatment of assured entitlement at the IPO price and the terms must be substantially the same as other cornerstone investors.

(ii) an existing shareholder holding 10% or more of shares in the Biotech Company may subscribe for shares in the IPO as a cornerstone investor ***(Added in April 2020)***.

5.3 An existing shareholder with a contractual anti-dilution right may exercise such right and subscribe for shares in the IPO in accordance with the existing requirements under paragraph 3.10 of GL43-12 ***(Added in April 2020)***.

5.4 Where allocations will be made to core connected persons, the Biotech Company must apply for, and the Exchange will ordinarily grant, a related Rule 9.09 waiver, if applicable ***(Added in April 2020)***.

6. Calculation of percentage ratios

6.1 Since Biotech Companies listed under Chapter 18A are not required to meet any of the Financial Eligibility Tests at the time of listing, the application of the revenue ratio and the profit ratio to any proposed transaction that these issuers propose to undertake may not be appropriate in some cases.

6.2 The Exchange may exercise its discretion under Rule 14.20 to disregard the revenue ratio and profit ratio for Biotech Companies listed under Chapter 18A and consider other relevant indicators of size, including industry specific tests suggested by the issuer, on a case by case basis. The listed issuer must provide alternative tests which it considers appropriate to the Exchange for consideration.

7. Accountants' report

7.1 Biotech Companies applying for a listing under Chapter 18A with an accountants' report covering two financial years are reminded that they must apply for a certificate of exemption from the relevant disclosure requirements under the Third Schedule of the Companies (Winding Up and Miscellaneous Provisions) Ordinance (Cap. 32 of the Laws of Hong Kong).

8. Clawback mechanism

8.1 Biotech Companies potentially carry additional risks to retail investors. Where Biotech Companies wish to propose any modification to the minimum public subscription requirement under Practice Note 18 of the Rules in an IPO, they must provide compelling reasons for such modification to the Exchange, which will be considered on a case-by-case basis ***(Added in April 2020)***.

****

附——参考資料③

参考資料③　米国ナスダック証券取引所への直接上場の申請資料（ネット申込形式）

誤解がないように念のため解説したいが、こちらはいわゆる日本の証券会社が募集しているＩＰＯ株の「抽選」の申込フォームではない。米国ナスダック証券取引所に上場したい会社（の代表）が自らネット入力する申込フォームだ。

つまり米国ではネットで（中小やベンチャー企業が）ナスダック証券取引所に「直接」ＩＰＯの申請ができる（証券会社を使用せず）のだ。

当然、証券会社不使用であればその分の「代行」手数料（グロススプレッド）もなくなる……と。（この手法は「直接上場」と呼ばれている）

※所感として

著書内で「世界各国好き勝手にルールをつくっている」……という主旨の解説をしたわけだが、そんな（にわかに信じがたい？日本では考えられない？……）ルールはこのように実は「誰でも」（やろうと思えば）使用できる。一見すると日本人の感覚からするとやりすぎでは？とか悪法⁈にさえ思えるようなルールは、一転して貴方の味方になりうるのだ。

参考資料③

Listing Center

Nasdaq

Listing Application - Initial Public Offering, Direct Listing or Distribution Spinoff

Record Id:

GENERAL COMPANY INFORMATION

Company Name *

Address of Principal Executive Offices *

Address Line 2

City/Province *

State

Zip/Postal Code *

Country *

Phone *

Fax

Website

State of Incorporation

Country of Incorporation *

Date of Incorporation

SEC File Number

Central Index Key (CIK) Code *

Is this company a SPAC? * Yes No

Is the applicant now filing or has it at any time in the past filed reports under Regulation A by the Securities and Exchange Commission mandated under the Jumpstart Our Business Startups Act of 2012 (the JOBS Act)? * Yes No

Company Description

Choose a Nasdaq Market Tier

An issuer seeking to list on either the Global Select Market or the Global Market will be approved for the market tier with the highest listing standards that the company meets. * Corporate Bonds (non-convertible debt) are only eligible to be listed on The Nasdaq Global Market. *

◯ Nasdaq Global Select Market® ◯ Nasdaq Global Market® ◯ Nasdaq Capital Market®

Indicate Interest in Cross Listing on Nasdaq Stockholm

Issuers that are seeking listing on the Nasdaq Stock Market, but not incorporated in a European Union member state, may simultaneously request cross listing on the Nasdaq Stockholm regulated market. Cross listing may be accomplished using much of the information contained in documents previously filed with the United States Securities and Exchange Commission. If your company is interested in pursuing a cross listing, please select the button below.

☐ **Yes, I am interested in learning more about cross listing on the Nasdaq Stockholm.**

Indicate Interest in Cross Listing on Nasdaq Dubai

Issuers that are seeking listing on the Nasdaq Stock Market may simultaneously request cross listing on Nasdaq Dubai. If your company is interested in pursuing a cross listing, please select the button below.

☐ **Yes, I am interested in learning more about cross listing on Nasdaq Dubai.**

Application Contacts

Please provide at least one contact for the purposes of processing this form. In addition, Nasdaq recommends that you share access to this form with at least one other company or legal representative by entering their email address on our Share Your Form page
**Note that the system will immediately send an email to any contacts with whom you have shared this form, even if the form has not yet been submitted.

	Company Contact	Outside Legal Counsel	U.S. Business Hours Contact (if company is located outside of the U.S.)
Contact Name *			
Firm Name			
Phone *			
Email *			
Primary Contact *	☐	☐	☐

Nasdaq will conduct all communications with respect to the applicant with the designated primary contact.

Billing Information

Contacts

Name *

Title/Firm

Phone *

Email *

☑ Invoices will be sent electronically UNLESS you check this box.

Billing Address

☐ Use address of principal executive offices listed above for billing.

Address *

Address 2

City *

State

Province

Postal/Zip Code

Country *

Securities/Accounting Professionals

Please provide the following information.

Investment Banker

	Lead Underwriter	Underwriter 2	Underwriter 3
Firm Name			
Primary Contact			
Telephone			
Email			

Auditor

Firm Name

City

State

Country

Transfer Agent

Firm Name

OFFERING AND SECURITY INFORMATION

Description of Offering

1. Type of Offering: Other:
2. Expected effective date of registration statement:
3. Expected Date of Initial Trading:
4. Expected closing date of offering:
5. Will delivery of stock certificates (to the members of the underwriting group for distribution) be within two business days of initial inclusion on Nasdaq? Yes No (If "no", please note that this will result in a "when-issued" trading market.)
6. Will the stock certificates contain any restrictive legends? Yes No
   If "yes," please describe:

Issue-Specific Information

In order for the application to properly store any of the issue information entered in this section, you must enter either a valid cusip number or a reserved symbol below. For corporate bonds, you must enter either a valid CUSIP number or a valid ISIN number.

Add New Issue

	Primary Issue	Additional Issue 1 (Remove)
Issue Type *		Bond (Non-Convertible Debt)
Issue Class		

CUSIP *

Par Value

Par Value Currency

Anticipated Roundlot Shareholders After the Offering

Anticipated Beneficial Shareholders After the offering

Number of Votes per Share

Unit Components

Timing of Unit Separation

Reserved Trading Symbol *

Is the Security Book Entry Only?

Nasdaq Market Tier

Where is debt currently listed?

List all markets on which debt is currently listed

ISIN *

Issuance Currency

Principal Amount Outstanding

Face Value/Denomination

Current Outstanding Amount

Bond Issuance Date

Maturity Date

Minimum Denomination

Integral Multiples Of

Name of Guarantor *

Return Type

Coupon Rate

Coupon Frequency

Dated Date

First Ordinary Coupon Date

Last Ordinary Coupon Date

Reimbursement Date

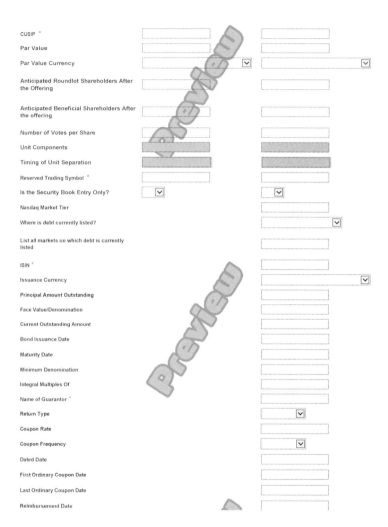

Day-Count Convention

Clearing Method

Are any of the above securities considered to be a Tracking Stock as defined in Rule 5222 ?

For American Depositary Shares (ADS):

List the name of Depositary Bank:

Confirm that the ADS have been issued in a sponsored program: ○ Yes ○ No

Provide the ratio of Underlying Shares:

BOARD MEMBER INFORMATION

Provide each board member's full legal name (first, middle and last), date of birth or age, and committee assignments, and indicate whether the director is independent, as defined in Listing Rule 5605.

! Incomplete information or inaccurate spelling can delay processing of your application so please ensure that all names entered reflect the person's full legal name and are spelled correctly.

Add a New Director

Number of Directors on Board: **0**

Number of Directors on Audit Committee: **0**

Number of Independent Directors on Board: **0**

Number of Independent Directors on Audit Committee: **0**

REGULATORY PROCEEDINGS/LITIGATION

1. With respect to the company, its predecessors and its subsidiaries (collectively, the "Company"), -provide a detailed description of all inquiries, investigations, lawsuits, litigation, arbitration, hearings, or any other legal or administrative proceedings (collectively, "Proceedings") commenced within the past 10 years:

   a. that are or were initiated or conducted by any regulatory, civil or criminal agency (including but not limited to the SEC, FINRA, PCAOB, state securities, banking and insurance regulators, Commodities Futures Trading Commission, Department of Justice, state bar associations, state boards of accountancy, or any foreign regulatory, civil or criminal authority); or

   b. in which claims material to the company are or were asserted under federal and/or state securities, banking, insurance, tax or bankruptcy laws; or

   c. in which claims material to the company are or were asserted otherwise alleging fraud, deceit or misrepresentation. To the extent that such items have been disclosed in the company's SEC filings, the applicant may refer to and/or submit copies of the relevant SEC's filings in which such matters were disclosed in lieu of providing a detailed description.

In connection with all proceedings that have been concluded, please provide documentation, which reflects the final disposition of each proceeding. The company should update Staff promptly of any and all material developments related to the matters identified in the response to these questions and should supplement its response if additional matters arise while its application is pending.

2. With respect to the applicant's current executive officers, directors, and ten percent or greater shareholders, provide a detailed description of all Proceedings (as defined in Question 1):

    a. that are or were initiated or conducted by any regulatory, civil or criminal agency (including but not limited to the SEC, FINRA, PCAOB, state securities, banking and insurance regulators, Commodities Futures Trading Commission, Department of Justice, state bar associations, state boards of accountancy, or any foreign regulatory, civil or criminal authority); or

    b. in which claims are or were asserted otherwise alleging fraud, deceit or misrepresentation and seeking damages in excess of $100,000.

NOTE: With respect to questions 2a and 2b, there is no limit on the time frame covered by the request.

Instructions

Questions 1 and 2 should be interpreted broadly and should include matters that relate to trading in the securities of the Company. Accordingly, responses should include communications of any nature that the Company, its officers, director and affiliates have had with FINRA or any other regulatory, civil or criminal agencies concerning trading in the securities of the Company.

Upon review of the information provided by the applicant, Nasdaq Listing Qualifications Staff may request additional information, such as copies of all court and administrative filings, and documents, that reflect the substance of the allegations of any proceedings described above, and the sanctions imposed.

The applicant should notify Nasdaq Listing Qualifications Staff promptly of any and all material developments related to the matters identified in the response to these questions and should supplement its response if additional matters arise while its application is pending.

Other

1. Has the company or any of its predecessors previously applied or requested a review of eligibility to have its securities listed or quoted on any marketplace? If so, please provide the name of the marketplace, and the date and outcome of the application or review. In addition, state whether the company's securities have ever been delisted; the date and reasons for any delisting; whether the issuer is (was) the subject of any inquiries or investigations by a securities exchange; and the outcome or resolution of such inquiries or investigations. Please note that the issuer's obligation to respond to this question is ongoing and the issuer must promptly advise the Exchange of receipt of any relevant inquiry.

2. Has the company filed a Form 10 registration statement, or equivalent document, within the past 12 months for purposes of registering a class of securities under Section 12 of the 1934 Act with the Securities and Exchange Commission (SEC) or other regulatory authority?
   ○ **Yes** ○ **No**

If "yes," please provide a copy of the complete filing and include comments from the SEC or appropriate regulatory authority and the company's responses thereto.

Date of SEC effectiveness:

Date cleared all SEC comments:

3. Is the applicant now filing or has it at any time in the past filed reports with the SEC pursuant to section 13(a) or 15(d) of the Exchange Act?
   Yes **No**

   If "yes", please explain.

4. Please indicate whether or not the company has or plans to become public by combining with a public shell, whether through a reverse merger, exchange offer, or otherwise.
   Yes **No**

   If "yes", please provide a detailed description of the transaction including the names of all parties to the transaction, the terms of the transaction and the date or expected date of closing.

5. Provide a list of any equity financings, including any and all bridge financings, shelf registrations, Regulation S offerings, or private placements that are contemplated or have been consummated within the prior six months. Describe the transactions in detail (i.e., date, price per share, discount, terms of conversion, the investors and their relationship to the company or other participants in the transactions), including the terms and conditions of any resale restrictions.

6. Please Indicate whether or not the issuer conducts any of its operations through a variable interest entity or any similar type of entity where the issuer's control over the entity is based on contractual arrangements rather than equity ownership.
   Yes **No**

   If yes, please describe this structure.

The fact that an applicant may meet Nasdaq's numerical guidelines does not necessarily mean that its application will be approved. In connection with the review of any application, and as set forth in the Nasdaq Listing Rules, Nasdaq reserves the right to request additional information or documentation, public or non-public, deemed necessary to make a determination regarding a security's qualification for initial inclusion, including, but not limited to, any material provided to or received from the Securities and Exchange Commission or other regulatory authority.

ATTACH SUPPORTING DOCUMENTS AND FEE PAYMENT INFORMATION

In addition to a completed Listing Application, prior to approval, Nasdaq will require additional information and supporting documentation. Documentation will vary depending on the type of application you are submitting. Please review our Supporting Documentation Guidelines. These guidelines, presented by application type, list the specific documents Nasdaq will require prior to approval for your specific application type. **Required documentation must be provided prior to approval, but is not required at the time of original submission.**

If the company has submitted a confidential draft registration statement to the SEC in connection with its proposed initial public offering, please attach the most recent copy of this draft registration statement and all related SEC correspondence.

To facilitate the review process, please submit supporting documentation electronically. You can submit additional documentation for your form at any time during the application review process.

New Uploading documents for submission is easy:

Select documents using the "Browse" button. To attach multiple documents, hold CTRL key while making the selection. Documents should be provided using one of the following formats: **MS Word, MS Excel or PDF**.

Files already attached

Fee Payment Information

For Applicants seeking to list equity securities only:

- On the Nasdaq Capital Market, a $5,000 non-refundable fee is due at the time of application.
- On the Nasdaq Global or Global Select Markets, a $25,000 non-refundable fee is due at the time of application. The balance of the fee is due prior to the commencement of trading.

Fees may be paid by check or wire transfer. If paying by check, please complete the Check Payment Form and include it along with your payment. When paying by wire, please follow instructions provided here.

Please provide the following information:

Remitter Name (if different than name of the company):	
Check or Wire Confirmation Number:	

AFFIRMATION

User Id

Name *

Title/Firm *

Date *

Initials *

I have been authorized by the company and have the legal authority to provide information on the company's behalf; to the best of my knowledge and belief, the information provided is true and correct as of this date; and I will promptly notify Nasdaq of any material changes.

Applicants have a continuing duty to update responses to each of the questions on this application whenever there is an addition to or change in information previously furnished.

Form Created By: on ; Form Last Updated By on , Form Owned By:

* Indicates a field required for submission.

「外資マネー」獲得マニュアル

2021年1月18日　第1刷発行

著　者　Black Swan Guy

発行者　濵　正史

発行所　株式会社 元就《げんしゅう》出版社

〒171-0022 東京都豊島区南池袋4-20-9
サンロードビル2F-B
電話 03-3986-7736　FAX 03-3987-2580
振替 00120-3-31078

装　幀　クリエイティブ・コンセプト

印刷所　中央精版印刷株式会社

※乱丁本・落丁本はお取り替えいたします。

ISBN978-4-86106-266-7　C0034